JN022108

基本子

	ㄱ k・g	ㄴ n	ㄷ t・d	ㄹ r・l	ㅁ m
ㅏ a	가 ka カ	나 na ナ	다 ta タ	라 ra ラ	마 ma マ
ㅑ ya	갸 kya キャ	냐 nya ニャ	댜 tya テャ	랴 rya リャ	먀 mya ミャ
ㅓ o	거 ko コ	너 no ノ	더 to ト	러 ro ロ	머 mo モ
ㅕ yo	겨 kyo キョ	녀 nyo ニョ	뎌 tyo トョ	려 ryo リョ	며 myo ミョ
ㅗ o	고 ko コ	노 no ノ	도 to ト	로 ro ロ	모 mo モ
ㅛ yo	교 kyo キョ	뇨 nyo ニョ	됴 tyo トョ	료 ryo リョ	묘 myo ミョ
ㅜ u	구 ku ク	누 nu ヌ	두 tu トゥ	루 ru ル	무 mu ム
ㅠ yu	규 kyu キュ	뉴 nyu ニュ	듀 tyu トュ	류 ryu リュ	뮤 myu ミュ
ㅡ u	그 ku ク	느 nu ヌ	드 tu トゥ	르 ru ル	므 mu ム
ㅣ i	기 ki キ	니 ni ニ	디 ti ティ	리 ri リ	미 mi ミ

基本母音

二重母音と基本子音、激音、濃音を組み合わせた文字の一覧表です。
ローマ字とカタカナで発音を表しています。

※ローマ字表記は、学習者が理解しやすいルールでつけています。

	濃音						
ㅍ p	**ㅊ** ch	**ㄲ** kk	**ㄸ** tt	**ㅃ** pp	**ㅆ** ss	**ㅉ** jj	
채 che チェ	**깨** kke ッケ	**때** tte ッテ	**빼** ppe ッペ	**쌔** sse ッセ	**째** jje ッチェ	
챼 chye チェ	**꺠** kkye ッケ	**떄** ttye ッテ	**뺴** ppye ッペ	**썌** ssye ッセ	**쨰** jjye ッチェ	
체 che チェ	**께** kke ッケ	**떼** tte ッテ	**뻬** ppe ッペ	**쎄** sse ッセ	**쩨** jje ッチェ	
pye ペ	**쳬** chye チェ	**꼐** kkye ッケ	**뗴** ttye ッテ	**뼤** ppye ッペ	**쎼** ssye ッセ	**쪠** jjye ッチェ
파 pwa プァ	**촤** chwa チュア	**꽈** kkwa ックァ	**똬** ttwa ットゥァ	**뽜** ppwa ップァ	**쏴** sswa ッスァ	**쫘** jjwa ッチュァ
퐤 pwe プェ	**쵀** chwe チュェ	**꽤** kkwe ックェ	**뙈** ttwe ットゥェ	**뾔** ppwe ップェ	**쐐** sswe ッスェ	**쫴** jjwe ッチュェ
퐈 pwe プェ	**최** chwe チュェ	**꾀** kkwe ックェ	**뙤** ttwe ットゥェ	**뾔** ppwe ップェ	**씌** sswe ッスェ	**쬐** jjwe ッチュェ
pwo プォ	**춰** chwo チュオ	**꿔** kkwo ックォ	**뚸** ttwo ットゥォ	**뿨** ppwo ップォ	**쒀** sswo ッスォ	**쭤** jjwo ッチュォ
pwe プェ	**췌** chwe チュェ	**꿰** kkwe ックェ	**뛔** ttwe ットゥェ	**쀄** ppwe ップェ	**쒜** sswe ッスェ	**쮀** jjwe ッチュェ
pwi プィ	**취** chwi チュイ	**뀌** kkwi ックィ	**뛰** ttwi ットゥィ	**쀠** ppwi ップィ	**쒸** sswi ッシュイ	**쮜** jjwi ッチュイ
pui ピ	**츼** chui チ	**끠** kkui ッキ	**띄** ttui ッティ	**쁴** ppui ッピ	**씌** ssui ッシ	**쯰** jjui ッチ

キリトリ線

ハングル一覧表　基本母音

ㅂ ・b	ㅅ s	ㅇ 無音・ng	ㅈ ch・j	ㅎ h	ㅋ k	ㅌ t
바 a パ	사 sa サ	아 a ア	자 cha チャ	하 ha ハ	카 ka カ	타 ta タ
뱌 ya ピャ	샤 sya シャ	야 ya ヤ	쟈 chya チャ	햐 hya ヒャ	캬 kya キャ	탸 tya テャ
버 po ポ	서 so ソ	어 o オ	저 cho チョ	허 ho ホ	커 ko コ	터 to ト
벼 pyo ピョ	셔 syo ショ	여 yo ヨ	져 chyo チョ	혀 hyo ヒョ	켜 kyo キョ	텨 tyo トョ
보 po ポ	소 so ソ	오 o オ	조 cho チョ	호 ho ホ	코 ko コ	토 to ト
뵤 pyo ピョ	쇼 syo ショ	요 yo ヨ	죠 chyo チョ	효 hyo ヒョ	쿄 kyo キョ	툐 tyo トョ
부 pu プ	수 su ス	우 u ウ	주 chu チュ	후 hu フ	쿠 ku ク	투 tu トゥ
뷰 pyu ピュ	슈 syu シュ	유 yu ユ	쥬 chyu チュ	휴 hyu ヒュ	큐 kyu キュ	튜 tyu トュ
브 pu プ	스 su ス	으 u ウ	즈 chu チュ	흐 hu フ	크 ku ク	트 tu トゥ
비 pi ピ	시 si シ	이 i イ	지 chi チ	히 hi ヒ	키 ki キ	티 ti ティ

ハングル一覧表　二重母音

音　　　　　　　　　　　　　　　　　　　　　　　激音

ㅂ ・b	ㅅ s	ㅇ 無音・ng	ㅈ ch・j	ㅎ h	ㅋ k	ㅌ t
ㅐ …e ペ	새 se セ	애 e エ	재 che チェ	해 he ヘ	캐 ke ケ	태 te テ
ㅒ …pye ピ	섀 sye セ	얘 ye イェ	쟤 chye チェ	햬 hye ヘ	컈 kye ケ	턔 tye テ
ㅔ …pe ペ	세 se セ	에 e エ	제 che チェ	헤 he ヘ	케 ke ケ	테 te テ
볘 pye ペ	셰 sye セ	예 ye イェ	졔 chye チェ	혜 hye ヘ	켸 kye ケ	톄 tye テ
봐 pwa プァ	솨 swa スァ	와 wa ワ	좌 chwa チュア	화 hwa ファ	콰 kwa クァ	톼 twa トゥァ
봬 pwe プェ	쇄 swe スェ	왜 we ウェ	좨 chwe チュェ	홰 hwe フェ	쾌 kwe クェ	퇘 twe トゥェ
뵈 pwe プェ	쇠 swe スェ	외 we ウェ	죄 chwe チュェ	회 hwe フェ	쾨 kwe クェ	퇴 twe トゥェ
붜 pwo プォ	숴 swo スォ	워 wo ウォ	줘 chwo チュオ	훠 hwo フォ	쿼 kwo クォ	퉈 two トゥォ
붸 pwe プェ	쉐 swe スェ	웨 we ウェ	줴 chwe チュェ	훼 hwe フェ	퀘 kwe クェ	퉤 twe トゥェ
뷔 pwi プィ	쉬 swi シュイ	위 wi ウィ	쥐 chwi チュイ	휘 hwi フィ	퀴 kwi クィ	튀 twi トゥィ
븨 pui ピ	싀 sui シ	의 ui ウィ	즤 chui チ	희 hui ヒ	킈 kui キ	틔 tui ティ

切り取って、目につくところに
貼るなどして活用ください。

基本子

	ㄱ k・g	ㄴ n	ㄷ t・d	ㄹ r・l	ㅁ m
ㅐ e	개 ke ケ	내 ne ネ	대 te テ	래 re レ	매 me メ
ㅒ ye	걔 kye ケ	냬 nye ネ	댸 tye テ	럐 rye レ	먜 mye メ
ㅔ e	게 ke ケ	네 ne ネ	데 te テ	레 re レ	메 me メ
ㅖ ye	계 kye ケ	녜 nye ネ	뎨 tye テ	례 rye レ	몌 mye メ
ㅘ wa	과 kwa クァ	놔 nwa ヌァ	돠 twa トゥァ	롸 rwa ルァ	뫄 mwa ムァ
ㅙ we	괘 kwe クェ	놰 nwe ヌェ	돼 twe トゥェ	뢔 rwe ルェ	뫠 mwe ムェ
ㅚ we	괴 kwe クェ	뇌 nwe ヌェ	되 twe トゥェ	뢰 rwe ルェ	뫼 mwe ムェ
ㅝ wo	궈 kwo クォ	눠 nwo ヌォ	둬 two トゥォ	뤄 rwo ルォ	뭐 mwo ムォ
ㅞ we	궤 kwe クェ	눼 nwe ヌェ	뒈 twe トゥェ	뤠 rwe ルェ	뭬 mwe ムェ
ㅟ wi	귀 kwi クィ	뉘 nwi ヌィ	뒤 twi トゥィ	뤼 rwi ルィ	뮈 mwi ムィ
ㅢ ui	긔 kui キ	늬 nui ニ	듸 tui ティ	릐 rui リ	믜 mui ミ

二重母音

基本母音と基本子音、激音、濃音を組み合わせた文字の一覧表です。
ローマ字とカタカナで発音を表しています。

※ローマ字表記は、学習者が理解しやすいルールでつけています。

濃音

ㅍ p	ㅊ ch	ㄲ kk	ㄸ tt	ㅃ pp	ㅆ ss	ㅉ jj
파 pa パ	차 cha チャ	까 kka ッカ	따 tta ッタ	빠 ppa ッパ	싸 ssa ッサ	짜 jja ッチャ
퍄 pya ピャ	챠 chya チャ	꺄 kkya ッキャ	땨 ttya ッテャ	뺘 ppya ッピャ	쌰 ssya ッシャ	쨔 jjya ッチャ
퍼 po ポ	처 cho チョ	꺼 kko ッコ	떠 tto ット	뻐 ppo ッポ	써 sso ッソ	쩌 jjo ッチョ
펴 pyo ピョ	쳐 chyo チョ	껴 kkyo ッキョ	뗘 ttyo ットョ	뼈 ppyo ッピョ	쎠 ssyo ッショ	쪄 jjyo ッチョ
포 po ポ	초 cho チョ	꼬 kko ッコ	또 tto ット	뽀 ppo ッポ	쏘 sso ッソ	쪼 jjo ッチョ
표 pyo ピョ	쵸 chyo チョ	꾜 kkyo ッキョ	뚀 ttyo ットョ	뾰 ppyo ッピョ	쑈 ssyo ッショ	쬬 jjyo ッチョ
푸 pu プ	추 chu チュ	꾸 kku ック	뚜 ttu ットゥ	뿌 ppu ップ	쑤 ssu ッス	쭈 jju ッチュ
퓨 pyu ピュ	츄 chyu チュ	뀨 kkyu ッキュ	뜌 ttyu ットュ	쀼 ppyu ッピュ	쓔 ssyu ッシュ	쮸 jjyu ッチュ
프 pu プ	츠 chu チュ	끄 kku ック	뜨 ttu ットゥ	쁘 ppu ップ	쓰 ssu ッス	쯔 jju ッチュ
피 pi ピ	치 chi チ	끼 kki ッキ	띠 tti ッティ	삐 ppi ッピ	씨 ssi ッシ	찌 jji ッチ

スマホでコメントできる

短い韓国語

みんしる 著

KADOKAWA

楽しみながら韓国語を学びましょう

「あなたが韓国語を学びたいと思ったきっかけは何ですか?」

これは私が主宰している韓国語サロンで、

初めて参加する方に必ず聞く質問です。

私が韓国語サロンをスタートしたのは、

日ごろ、周りから韓国語を教えてほしいと言われていたこと、

そして韓流イベントのMCをするたび、

「憧れの人に自分の思いを伝えたい」という

ファンの方々の熱い想いをひしひしと感じていたためです。

この本を手にしてくださった皆さんは

韓流にハマって韓国語をマスターしたいと思われた方が

ほとんどだと確信しています ㅎㅎㅎ

韓国語を学ぶためにテキストを買っても、

語学講座に通っても、途中で挫折してしまう……。

それなら自分が大好きなものを使って楽しく学べばいいのです。

K-POPの歌詞も、バラエティ番組のテロップも、

SNSも、即席ラーメンの袋の文字だってテキストになります。

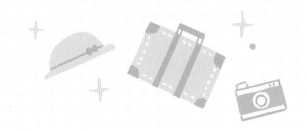

現地で会話したいのに、助詞を何にすればいいかわからない……。

だったらいっそのこと、助詞をすっ飛ばしてしまえばいいのです。

助詞がなくてもたいてい通じます。

言いたいことを頭の中で考えているだけでは話せません。

それよりも、短くて言いやすいひと言を口に出し続けるほうが

よっぽど上達すると私は思っています。

その土台となる、まず覚えておきたい、

よく使うフレーズをまとめたのがこの本なのです。

そんなわけで、この本は

まじめに韓国語を勉強しようと思っている方には

あまりおすすめしません ㅋㅋㅋ

「ちょっぴりラクして、楽しく韓国語を学びたい」

そんな方々をお手伝いできれば、うれしいです。

みんしる

3

CONTENTS

スマホでコメントできる
短い韓国語

韓国語の基本

ハングルの
しくみと発音

…… 13

短い文でOK!

丸暗記
フレーズ集

…… 35

Lesson 4 💙 ファン活動編

Lesson 5 🔍 ショッピング・街歩き編

Lesson 6 コミュニケーション編

デザイン／株式会社フレーズ(岩瀬恭子、梅井靖子)
イラスト／おおたきょうこ
DTP／株式会社明昌堂
執筆協力・韓国語校正／アイケーブリッジ外語学院 (幡野 泉　南 嘉英)
校正協力／株式会社エディポック(古川陽子)
音声収録／ELEC

スマホを活用して
韓国語を学びましょう

本書は韓国語を学ぶための入門書です。語学は学んだ時間の分だけ上達すると言われていますが、なかなかその時間がとれない方も多いと思います。本書を使いながら、ちょこっと空いた時間にはスマホで韓国語に触れる時間を作るのがおすすめです。

 ## スマホで韓国語を打てるようにしましょう

韓国語のキーボード設定・iphoneの場合

1 「設定」アイコンをクリック

2 「一般」→「キーボード」を選択

3 「新しいキーボードを追加」→「韓国語」を選択

4 「標準」にチェックを入れる
   ※初心者には標準がおすすめ。「10キー」と両方チェックを入れてもよい

5 設定完了。文字入力の画面で「🌐」（地球儀マーク）を長押しして韓国語（한국어）を選ぶか、繰り返し押して韓国語に切り替える

韓国語のキーボード設定・Androidの場合

1 韓国語を入力できるアプリ「Gboard」をGoogle Playストアからダウンロード

2 「設定」→「他の設定」を選択

3 「言語と入力」→「仮想キーボード」を選択

4 「Gboard」→「言語」を選択

5 画面下に表示される「キーボードを追加」を選択

6 検索窓に「韓国語」と入力し「韓国語」と出てきたら選択

7 「2 Bulsik」と「テンキー」を選択して、右下の「完了」を選択

8 設定完了。言語の画面で「韓国語」と表示される。文字入力の画面で「🌐」（地球儀マーク）を長押しして韓国語を選ぶか、繰り返し押して韓国語に切り替える

※Androidは機種などによって操作法が違う場合があります。

実際に韓国語を打ってみましょう

1　韓国語のキーボードを表示
　※表示されない濃音（21 ページ参照）は「⇧」を押すと表示される。合成
　母音の「ㅐ、ㅔ」も合わせて表示される
2　文字のパーツ（14 〜 15 ページ参照）を打っていくと、打ちたい文字が表示される
　※「사진（サジン）／写真」ならㅅ＋ㅏ＋ㅈ＋ㅣ＋ㄴと打つ。

韓流スターにコメントしてみましょう

好きな韓流アーティストや俳優のインスタグラムをフォローしている方は、韓国語でコメントしてみるのも、韓国語を使うよいチャンスです。英語や日本語が通じるスターでも、母国語で書かれたものなら好反応が期待できるかも？　併せて **SNS でよく使われる略語（42 〜 45 ページ参照）など**も使うと、短くても印象的なメッセージが残せます。

発音をスマホで確認しましょう

本書は韓国語学習の初心者の方のために、韓国語にはすべて読みがなをつけていますが、実際には同じ「ア」でも違う発音があるなど、耳で確認したほうがより正確な発音に近づけることができます。また、話す際にはイントネーションも重要です。文字の母音や子音、本書で紹介しているフレーズは、私、みんしるの音声でスマホやパソコンから聞くことができます。目と耳の両方から、韓国語をしっかりと身につけていただけます。

 ## 音声データの利用のしかた

2つの方法で、本書の 🔊 1-2-3 のついた部分の音声を聞くことができます。

1 ダウンロードして音声を聞く

下記 URL にアクセスして、音声データをダウンロードしてください。

https://www.kadokawa.co.jp/product/321910000053/

※ダウンロードはパソコンからのみ行えます。携帯電話、スマートフォンからはダウンロードできません。
※圧縮ファイルは解凍してご使用ください。

2 ストリーミング再生で音声を聞く

スマートフォン、パソコンなどから下記 QR コードまたは URL にアクセスして、音声を再生してください。

 https://additional.kadokawa.co.jp/mijikai_korean

※音声をお聞きいただく際の通信費はお客様のご負担となります。
※動画アプリをインストールしている場合は、アプリが立ち上がることがあります。

辞書もスマホを利用しましょう

本書で紹介しているフレーズや単語の数には限りがあります。知らない単語や関連するフレーズを調べたいときに便利なのが、辞書アプリです。私がおすすめしているのが**NAVER辞書**。Naver辞書の良い点は、どんどん**新しい言葉がとり入れられていく生きた辞書**であるところ。普通の辞書には掲載されていない今どきの流行語も調べることができます。わからない言葉が出てきたら、その場ですぐに調べてみましょう。

NAVER 辞書の使い方

アプリをダウンロードして、辞書の中から、「韓国語→日本語辞書」を選び、調べたい単語を入力します。日本語⇔韓国語の両方向から調べられます。例文やことわざなども表示され、音声もチェックできます。ただし、発音記号は表示されません。

動画も立派な教材に？

韓国語を学ぶツールとして、スマホをさらに活用しましょう。おすすめなのが動画アプリで見られる韓国のバラエティ番組のスクリーンショット(スクショ)を撮って、その字幕スーパーを読んでみること。バラエティ番組では、出演者の言葉や解説などがほぼ字幕スーパーで出てくるので、お気に入りのスターが話すシーンのスクショを自分で訳してみると、楽しみながら韓国語に触れられます。

◆ 本書の使い方 ◆

韓国語の基本　ハングルのしくみと発音

最初に韓国語の文字・ハングルの成り立ちと文字の基本を学びます。韓国語学習の基礎となるので、繰り返し読んだり書いたりして覚えましょう。とじ込みのハングル表は、目につく場所に貼るなどして、活用してください。

短い文でOK！　丸暗記フレーズ集

初心者でもすぐ使えて通じる、短くて覚えやすい韓国語のフレーズを学びます。丸暗記がおすすめ。

Lesson 1・2　短い一言でいろいろな場面に使えるフレーズ、日常会話に欠かせないあいさつやあいづちのフレーズを覚えます。

Lesson 3〜6

メインフレーズ
覚えておくと使えるフレーズ。

音声データのマーク
（10 ページ参照）。

例文
メインフレーズに似た言い回しがわかる。

ここをcheck!
メインフレーズのおもに文法について解説。韓国語力を伸ばしていくのに必要。

応用フレーズ
メインフレーズから表現の幅をさらに広げるのに役立つ。

ライブな韓国語
フレーズの背景にある、韓国や韓国人のリアルな姿がわかるコラム。

覚えたい単語

お父さん、お母さんなど人の呼び方や、街中の施設など基本的な単語のほか、**SNS でよく使われる略語や韓流スターのファン活動用語など**、知りたかった言葉を紹介。

みんしる's Talk

私、みんしるが韓国人とのコミュニケーションから知ったこと、感じたことと、読者の皆様へのメッセージをお届けします。

ハングルの
しくみと発音

韓国語のハングルは、
母音と子音の組み合わせでできていて
文字の構成で発音もわかるしくみです。
数詞と合わせて、韓国語の土台を学びましょう。

1 ハングルの成り立ち

　日本の言葉を「日本語」と言い、文字を「ひらがな」、「カタカナ」と言うように、韓国の言葉は「韓国語」、そして文字の名前を「ハングル」と呼びます。

　ハングルは母音と子音の組み合わせで構成されています。一つの文字は基本的に、[子音＋母音]、または[子音＋母音＋子音]の組み合わせからなります。並び方には子音と母音が①横並び、②縦並び、の主に2パターンの並び方があります。

①横並び

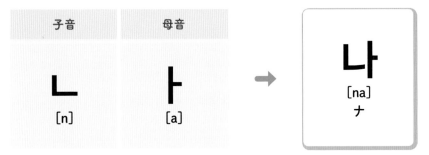

・子音の横に書く母音：ㅏ , ㅐ , ㅑ , ㅒ , ㅓ , ㅔ , ㅕ , ㅖ , ㅣ

②縦並び

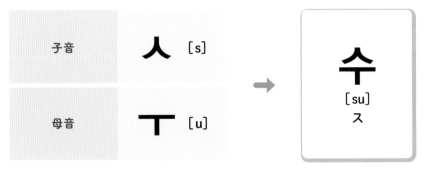

・子音の下に書く母音：ㅗ , ㅛ , ㅜ , ㅠ , ㅡ

[子音＋母音＋子音] の形のとき、母音の後につける子音はパッチムと言います。「子音＋母音」の①横並びの下、または②縦並びの下、に書きます（詳しくは 24 ページ参照）。

①横並び＋パッチム

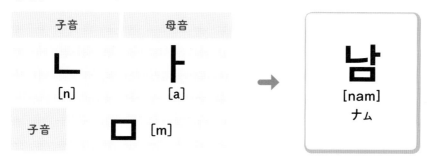

②縦並び＋パッチム

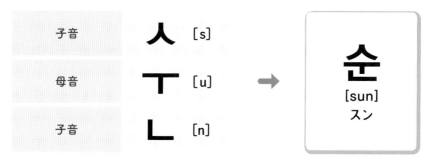

二重母音（22 ページ参照）と子音を組み合わせる [子音＋二重母音] のときは、母音が子音の横と下で囲むような形になります。こちらもパッチムなしとパッチムあり、の両方があります。

①子音を囲む

②子音を囲む＋パッチム

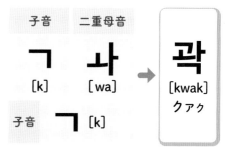

・子音を囲む母音：ㅘ , ㅙ , ㅚ , ㅝ , ㅞ , ㅟ , ㅢ

2 基本母音

　母音は10個の「基本母音」と11個の「二重母音」(22ページ参照)の大きく2つに分かれます。基本母音は、発音するときに唇や舌の位置が変わらないものと、日本語の「ヤ行」のように[イ+母音]で1つの母音を作るものもあります。基本母音のうち「ㅏ (ア)、ㅗ (オ)、ㅑ (ヤ)、ㅛ (ヨ)」を陽母音、それ以外を陰母音と言います (陽母音にはマークをつけています)。

※音のない子音「ㅇ」をつけて文字としても表記しています。

① 陽母音

ㅏ

日本語の「ア」。日本語の「ア」より、口を思いきり開きましょう。

아
[ア]

아이 (アイ)／
子ども

②

ㅣ

日本語の「イ」。唇を横に開き、口の隅に力を入れて発音しましょう。

이
[イ]

이미 (イミ)／
前もって

③

ㅜ

日本語の「ウ」。唇を丸めて突き出しましょう。

우
[ウ]

우유 (ウユ)／
牛乳

④

ㅡ

日本語の「ウ」に近いですが、唇を横に開き、口の隅に力を入れて発音しましょう。

으
[ウ]

으스스 (ウスス)／
ゾクゾク

⑤
陽母音

ㅗ

日本語の「オ」。唇を丸めて、突き出しましょう。

오
[オ]

오이（オイ）／
きゅうり

⑥

ㅓ

日本語の「オ」に近いですが、唇を日本語の「ア」の形にして「オ」の発音をしましょう。

어
[オ]

어디（オディ）／
どこ

⑦
陽母音

ㅑ

「이＋아」
日本語の「ヤ」。「イ」を発音して「ア」を素早く発音します。

야
[ヤ]

야구（ヤグ）／
野球

⑧

ㅠ

「이＋우」
日本語の「ユ」。日本語の「ユ」より唇を丸めて突き出しましょう。

유
[ユ]

이유（イユ）／
理由

⑨
陽母音

ㅛ

「이＋오」
日本語の「ヨ」。日本語の「ヨ」より唇を丸めて突き出しましょう。

요
[ヨ]

요가（ヨガ）／
ヨガ

⑩

ㅕ

「이＋어」
日本語の「ヨ」。最後に唇が丸くならないように注意しましょう。

여
[ヨ]

여우（ヨウ）／
きつね

3 基本子音

　「か」をローマ字で表すと「ka」ですが、この「k」が子音にあたります。ハングルは、さまざまな子音と母音の組み合わせで、1つの文字になります。ハングルの子音は大きく分けて基本子音といわれる「平音」と、「激音」(20ページ参照)、「濃音」(21ページ参照)の3種類があります。平音は、発音するときは力を入れずに、少し低く発音するのがコツです。

※子音だけでは発音ができないので、ここでは母音「ㅏ」をつけて表記します。

① ㄱ 日本語の「カ行のk」です。語中では「g」の発音になります。「가」は[カ・ガ]になります。日本語の「か」より少し力を抜いて、低く発音します。

가
[カ・ガ]
가구 (カグ)／
家具

② ㄴ 日本語の「ナ行のn」です。「나」は[ナ]になります。

나
[ナ]
나이 (ナイ)／
歳

③ ㄷ 日本語の「タ行のt」です。語中では「d」の発音になります。「다」は[タ・ダ]になります。日本語の「タ」より少し力を抜いて、低く発音します。

다
[タ・ダ]
가다 (カダ)／
行く

④ ㄹ 日本語の「ラ行のr」です。「라」は[ラ]になります。英語の「r」ではなく、「らりるれろ」の「r」なので、舌をあまり巻きません。

라
[ラ]
나라 (ナラ)／
国

⑤

ロ

日本語の「マ行のm」です。「마」は［マ］になります。

마
［マ］

이마（イマ）／
おでこ

⑥

ㅂ

日本語の「パ行のp」です。語中では「b」の発音になります。「바」は［パ・バ］になります。日本語の「パ」より少し力を抜いて、低く発音します。

바
［パ・バ］

바다（パダ）／
海

⑦

ㅅ

日本語の「サ行のs」です。「사」は［サ］になります。日本語の「サ」より少し力を抜いて発音します。

사
［サ］

사이（サイ）／
間

⑧

ㅇ

「ㅇ」はゼロ子音とも呼ばれ、音はありません。「아」は［ア］。しかし、パッチムになると、「ng」［ン］の発音になります。

아
［ア］

아마（アマ）／
たぶん

※「パッチム」（24ページ）参照。

⑨

ㅈ

日本語の「チのch」です。語中では「z」の発音になります。「자」は［チャ・ジャ］になります。日本語の「チ」より少し力を抜いて、低く発音します。

자
［チャ・ジャ］

자주（チャジュ）／
しょっちゅう

⑩

ㅎ

日本語の「ハ行のh」です。「하」は［ハ］。前にパッチムがある場合などに「激音化」を起こします。

하
［ハ］

지하（チハ）／
地下

※「激音化」（28ページ）参照。

19

4 激音

　激音は、平音（基本子音）に「ㅎ (h)」の音を加え、作られました。発音するときに息を激しく吐き出すので激音という名前がつきました。あまり力を入れずに、高く、軽く発音するのがポイントです。

※子音だけでは発音ができないので、ここでは母音「ㅏ」をつけて表記します。

① **ㅋ　카**
[カ]
「가 + 하」
日本語の「カ行のk」です。「카」は［カ］になります。
카드（カドゥ）／カード

② **ㅌ　타**
[タ]
「다 + 하」
日本語の「タ行のt」です。「타」は［タ］になります。
타다（タダ）／乗る

③ **ㅍ　파**
[パ]
「바 + 하」
日本語の「パ行のp」です。「파」は［パ］になります。
파티（パティ）／パーティー

④ **ㅊ　차**
[チャ]
「자 + 하」
日本語の「チのch」です。「차」は［チャ］になります。
차（チャ）／お茶

5 濃音

濃音は、平音を2つ重ねて作られました。文字の前に小さい「ッ」をつける気持ちで、息を出すのではなく飲み込むような感じで発音するのがポイントです。

※この本では、濃音の読みがなには「ッ」をつけています。原則として、「ㄱ, ㄷ, ㅂ, ㅅ, ㅈ」が前にくるときは「ッ」を省略しています。

① ㄲ　까 ［ ッカ ］

日本語の「カ行のk」です。「까」は［ッカ］になります。「まっか」の「ッカ」のように発音します。

까마귀（ツカマグィ）／カラス

② ㄸ　따 ［ ッタ ］

日本語の「タ行のt」です。「따」は［ッタ］になります。「やった」の「ッタ」のように発音します。

따다（ツタダ）／採る

③ ㅃ　빠 ［ ッパ ］

日本語の「パ行のp」です。「빠」は［ッパ］になります。「はっぱ」の「ッパ」のように発音します。

빠르다（ツパルダ）／速い

④ ㅆ　싸 ［ ッサ ］

日本語の「サ行のs」です。「싸」は［ッサ］になります。「とっさ」の「ッサ」のように発音します。

싸다（ツサダ）／安い

⑤ ㅉ　짜 ［ ッチャ ］

日本語の「チのch」です。「짜」は［ッチャ］になります。「まっちゃ」の「ッチャ」のように発音します。

짜다（ツチャダ）／しょっぱい

6 二重母音

　2つの母音を組み合わせて作った母音です。基本母音と同様に陽母音と陰母音があり、「ㅐ（エ）、ㅒ（イェ）ㅘ（ワ）、ㅙ（ウェ）」を陽母音、それ以外を陰母音と言います（陽母音にはマークをつけています）。

---

① **陽母音**

ㅐ　ㅏ + ㅣ　**애**
　　　　　　[エ]

日本語の「エ」。構成は母音の組み合わせですが、短母音なので最初から最後まで唇の形は変わりません。

애（エ）/子ども　※아이（アイ）/子ども　の縮約形

---

②

ㅔ　ㅓ + ㅣ　**에**
　　　　　　[エ]

日本語の「エ」。「애」と「에」を区別して発音する人もいますが、最近は区別なく発音する傾向があります。

에세이（エセイ）/エッセイ

---

③ **陽母音**

ㅒ　ㅑ + ㅣ　**얘**
　　　　　　[イェ]

日本語の「イェ」。構成は「야 + 이」になりますが、発音は「イェ」なので、間違いやすい発音です。

얘기（イェギ）/話　※이야기（イヤギ）/話　の縮約形

---

④

ㅖ　ㅕ + ㅣ　**예**
　　　　　　[イェ]

日本語の「イェ」。「얘」と「예」を区別して発音する人もいますが、最近は区別なく発音する傾向があります。

예（イェ）/例

---

⑤ **陽母音**

ㅘ　ㅗ + ㅏ　**와**
　　　　　　[ワ]

「オ」+「ア」で、日本語の「ワ」になります。「オ」を発音して「ア」を素早く発音します。

와인（ワイン）/ワイン

⑥ 陽母音

ᅫ　ㅗ + ㅐ　**왜**
[ウェ]

日本語の「ウェ」と同じですが、慣れるまでは表記どおりの「オ」+「エ」で「オェ」と考えると、読みやすくなります。

왜（ウェ）／なぜ

⑦

ᅬ　ㅗ + ㅣ　**외**
[ウェ]

日本語の「ウェ」。「왜」と発音が同じです。「이」につられ、「オイ」にならないように注意しましょう。

외교（ウェギョ）／外交

⑧

ᅰ　ㅜ + ㅔ　**웨**
[ウェ]

「ウ」+「エ」で、「ウェ」となります。「왜」と同じ発音をする傾向があります。

웨딩（ウェディン）／ウエディング

⑨

ᅯ　ㅜ + ㅓ　**워**
[ウォ]

「ウ」+「オ」で、日本語の「ウォ」になります。「ウ」を発音して「オ」を素早く発音します。

워드（ウォドゥ）／ワード（word）

⑩

ᅱ　ㅜ + ㅣ　**위**
[ウィ]

日本語の「ウィ」。最初唇を丸めて「ウ」を発音し、次の「イ」は唇を「一」の字のようにし、口の隅に力を入れます。

위치（ウィチ）／位置

⑪

ᅴ　ㅡ + ㅣ　**의**
[ウィ]

日本語の「ウィ」。最初から最後まで唇は「一」の字のような形になります。

의자（ウィジャ）／椅子

パッチムは、韓国語で「下敷き」という意味です。「子音＋母音」の下にまた子音をつけて、発音が終わるときの口の形を決めます。①横並びの下、または②縦並びの下に書く２パターンがあり、さらに③横並びの下に２つ、のパターンもあります。

①横並び＋パッチム

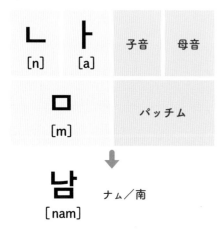

ㄴ [n]　ㅏ [a]　子音　母音

ㅁ [m]　パッチム

남 [nam]　ナム／南

②縦並び＋パッチム

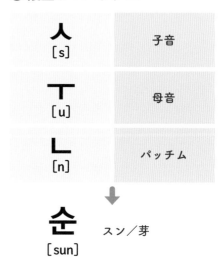

ㅅ [s]　子音

ㅜ [u]　母音

ㄴ [n]　パッチム

순 [sun]　スン／芽

③横並び＋二重パッチム

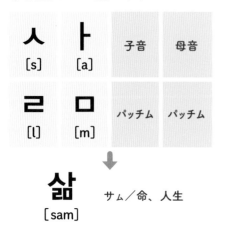

ㅅ [s]　ㅏ [a]　子音　母音

ㄹ [l]　ㅁ [m]　パッチム　パッチム

삶 [sam]　サム／命、人生

二重パッチムの発音ルール

二重パッチムは２つのうち１つのみ発音します。

前の子音を発音するパッチム	ㄳ [k]、ㄵ [n]、ㄼ [l]、ㄽ [l]、ㄾ [l]、ㅄ [p]、ㄶ [n]、ㅀ [l]
後ろの子音を発音するパッチム	ㄺ [k]、ㄻ [m]、ㄿ [p]

パッチムの種類と発音

　パッチムとして使われる子音は多いですが、その発音は「ㄱ，ㄴ，ㄷ，ㄹ，ㅁ，ㅂ，ㅇ」の7つに分けられます。

パッチム	発音	発音法
ㄱ，ㅋ，ㄲ	ㄱ [k]	**백（ペㇰ）／百** 「ペッカ」の「カ」を言わずに、息を止めます。口は閉じません。「カカカカ」を速く話すときに刺激があるところを意識し、息を止めるときに舌の奥をそこに当ててください。
ㄴ	ㄴ [n]	**문（ムン）／門** 「ムンナ」を「ナ」まで言わず止めた「ン」の音です。口は閉じません。「ナナナナ」を速く話すとき、舌が当たるところに舌を当ててください。
ㄷ，ㅌ，ㅅ，ㅆ，ㅈ，ㅊ，ㅎ	ㄷ [t]	**밑（ミッ）／下** 「ミッタ」の「タ」を言わず、息を止めます。口は閉じません。「タタタタ」を速く話すときに舌が当たるところに舌を当ててください。
ㄹ	ㄹ [l]	**말（マル）／馬** 「マル」の「ル」を「ウ」まで言わず、止めます。口は閉じません。「ラララ」を速く話すときに舌が当たるところに舌を当ててください。
ㅁ	ㅁ [m]	**밤（パム）／夜** 「パンマ」を「マ」まで言わず止めた「ン」の発音です。口は閉じます。口をしっかり閉じるのがポイントです。
ㅂ，ㅍ	ㅂ [p]	**집（チㇷ゚）／家** 「チッパ」の「パ」を言わず、口を閉じたまま息を止めます。口をしっかり閉じるのがポイントです。
ㅇ	ㅇ [ng]	**공（コン）／ボール** 「コンガ」の「ガ」を言わず、止めます。口を開けたままにするのがポイントです。

8 発音の変化

　韓国語は、表記されている音と実際の発音が変わることがあります。たくさんのルールがありますが、ここでは代表的な発音の変化について学んでみましょう。

有声音化（濁音化）

　子音の「ㄱ、ㄷ、ㅂ、ㅈ」は単語の頭に来たときは〔k〕〔t〕〔p〕〔ch〕と発音しますが、子音が母音と母音の間にあったり、前にパッチムの「ㄴ, ㄹ, ㅁ, ㅇ」がある場合は濁音になり、「ㄱ〔g〕」、「ㄷ〔d〕」、「ㅂ〔b〕」、「ㅈ〔j〕」と発音します。

例

한강（hangang ハンガン）／漢江

보다（poda ポダ）／見る

두부（tubu トゥブ）／豆腐

상자（sangja サンジャ）／箱

連音化

　パッチムは後の文字に「ㅇ」がある場合、パッチムを「ㅇ」の位置に移動させて、移動したところの母音と合わせて発音します。

例

	つづり通りの発音	実際の発音
집이／家が	chip-i チプイ ➡	chibi チビ
밥을／ご飯を	pap-ul パプウル ➡	pabul パブル

鼻音化 （ンの音）

1 パッチムの中で「ㄱ, ㄷ, ㅂ」と発音するパッチムは、後に子音の「ㄴ, ㅁ」が続く場合は「ㄱ〔k〕」➡「ㅇ (ng)」、「ㄷ〔t〕」➡「ㄴ (n)」、「ㅂ〔p〕」➡「ㅁ (m)」と発音します。

例

	つづり通りの発音	実際の発音
식물／植物	sik-mul シクムル ➡	sing-mul シンムル
옛날／昔	yet-nal イェッナル ➡	yen-nal イェンナル
십만／十万	sip-man シプマン ➡	sim-man シムマン

2 パッチムの「ㅇ〔ng〕, ㅁ〔m〕」の後に子音の「ㄹ」が続く場合は、「ㄹ〔r〕」➡「ㄴ (n)」と発音します。

例

	つづり通りの発音	実際の発音
종로／鍾路 (ソウルの地名)	chong-ro チョンロ ➡	chong-no チョンノ
심리／心理	sim-ri シムリ ➡	sim-ni シムニ

3 パッチムの「ㄱ, ㅂ」の後に子音の「ㄹ」が続く場合は「ㄱ〔k〕」➡「ㅇ (ng)」「ㅂ〔p〕」➡「ㅁ (m)」と発音し、さらに「ㄹ〔r〕」➡「ㄴ (n)」と発音します。

例

	つづり通りの発音	実際の発音
국립／国立	kuk-rip ククリプ ➡	kung-nip クンニプ
입력／入力	ip-ryok イプリョク ➡	im-nyok イムニョク

濃音化

パッチムの「ㄱ, ㄷ, ㅂ」の後に子音の「ㄱ, ㄷ, ㅂ, ㅅ, ㅈ」が続く場合は、「ㄱ〔k〕」➡「ㄲ〔kk〕」、「ㄷ〔t〕」➡「ㄸ〔tt〕」、「ㅂ〔p〕」➡「ㅃ〔pp〕」、「ㅅ〔s〕」➡「ㅆ〔ss〕」、「ㅈ〔ch〕」➡「ㅉ〔jj〕」のように濃音として発音します。

※変化した実際の発音で「ク、ッ、プ」などの後にある「ッ」は、発音がむずかしいので発音しなくても問題ない。

例

	つづり通りの発音		実際の発音
학교／学校	hak-kyo ハクキョ	➡	hak-kkyo ハクッキョ
받다／受ける	pat-ta パッタ	➡	pat-tta パッッタ
악보／楽譜	ak-po アクポ	➡	ak-ppo アクッポ
박사／博士	pak-sa パクサ	➡	pak-ssa パクッサ
입국／入国	ip-kuk イプクク	➡	ip-kkuk イプックク

激音化

パッチムの「ㅎ」の後に子音の「ㄱ, ㄷ, ㅂ, ㅈ」が続く場合、またはパッチムの「ㄱ, ㄷ, ㅂ, ㅈ」の後に子音の「ㅎ」が続く場合は、「ㅋ〔k〕」、「ㅌ〔t〕」、「ㅍ〔p〕」、「ㅊ〔ch〕」のように激音として発音します。

例

	つづり通りの発音		実際の発音
축하／お祝い	chuk-ha チュクハ	➡	chu-ka チュカ
좋다／よい	chot-ta チョッタ	➡	cho-ta チョタ
입학／入学	ip-hak イプハク	➡	i-pak イパク
젖히다／のけ反る	chot-hi-da チョッヒダ	➡	cho-chi-da チョチダ

流音化

パッチムとそれに続く子音の並びが「ㄴ」「ㄹ」、もしくは「ㄹ」「ㄴ」の場合は、いずれも「ㄴ〔n〕」を「ㄹ〔l／r〕」に変えて発音します。

例

	つづり通りの発音		実際の発音
설날／旧正月	sol-nal ソルナル	➡	sol-ral ソルラル
연락／連絡	yon-rak ヨンラク	➡	yol-rak ヨルラク

「ㅎ」の脱落

パッチムの「ㄴ, ㄹ, ㅁ, ㅇ」の後に子音の「ㅎ」が続く場合と、パッチムの「ㅎ」の後に母音が続く場合、「ㅎ」は発音しない傾向があります。

例

	つづり通りの発音		実際の発音
윤호／ユンホ	yun-ho ユンホ	➡	yu-no ユノ
불혹／不惑	pul-hok プルホク	➡	pu-rok プロク
점호／点呼	chom-ho チョムホ	➡	cho-mo チョモ
강하／降下	kang-ha カンハ	➡	kang-a カンア
좋아요／よいです	chot-a-yo チョッアヨ	➡	cho-a-yo チョアヨ

9 漢数詞

　韓国の数字には漢字に由来する漢数詞と韓国固有の固有数詞があります。何を表すかによって、どちらの数詞を使うかが決まっています。漢数詞はハングルよりアラビア数字（1、2、3など）で書く場合が多いです。

0	1	2	3	4
영 ヨン／ 공 コン ※1	일 イル	이 イ	삼 サム	사 サ
5	**6**	**7**	**8**	**9**
오 オ	육 ユク ※2	칠 チル	팔 パル	구 ク
10	**11**	**12**	**13**	**14**
십 シプ	십일 シビル	십이 シビ	십삼 シプサム	십사 シプサ
15	**16**	**17**	**18**	**19**
십오 シボ	십육 シムニュク	십칠 シプチル	십팔 シプパル	십구 シプク
20	**30**	**40**	**50**	**60**
이십 イシプ	삼십 サムシプ	사십 サシプ	오십 オシプ	육십 ユクシプ
70	**80**	**90**	**100**	
칠십 チルシプ	팔십 パルシプ	구십 クシプ	백 ペク	

※1　0は、数字としてはヨンですが、電話番号を言うときなどの会話ではコンを使います。

※2　6は、前にくる数字によって륙（リュク）と読むことが多いです。

200	300	400	500	1,000
이백 イベク	삼백 サムベク	사백 サベク	오백 オベク	천 チョン

5,000	10,000
오천 オチョン	만 マン

ここに注意！

韓国語では10、100、1,000、10,000の前に「一（イル）をつけない。日本語では10,000の前のみに「1」をつけるが韓国語ではつかないという違いがある。

例 만 천백（マン チョンベク）／11,100〔万千百〕

漢数詞を使うのは

年月日、金額、時間の分・秒、住所、電話番号、身長、体重など

例 삼월 십사일（サムォル　シプサイル）／3月14日

■漢数詞を使う単位の例

년（ニョン）／ 年	월（ウォル）／ 月	일（イル）／ 日	분（プン）／ 分	초（チョ）／ 秒
원（ウォン）／ ウォン	층（チュン）／ 階	회（フェ）／回 (第1回、などの回)	번（ポン）／ 番	개월（ケウォル） ／カ月

🔟 固有数詞

固有数詞は、日本語の「1つ、2つ」にあたり、個数や人数を数えるときに使います。
固有数詞は100以上の表現がないので、100からは漢数詞を使用します。

1つ	2つ	3つ	4つ	5つ
하나 ハナ	둘 トゥル	셋 セッ	넷 ネッ	다섯 タソッ
6つ	7つ	8つ	9つ	10
여섯 ヨソッ	일곱 イルゴプ	여덟 ヨドル	아홉 アホプ	열 ヨル
11	12	13	14	15
열하나 ヨラナ	열둘 ヨルットゥル	열셋 ヨルッセッ	열넷 ヨルレッ	열다섯 ヨルッタソッ
16	17	18	19	20
열여섯 ヨルリョソッ	열일곱 ヨリルゴプ	열여덟 ヨルリョドル	열아홉 ヨラホプ	스물 スムル
30	40	50	60	70
서른 ソルン	마흔 マフン	쉰 スゥィン	예순 イェスン	일흔 イルン
80	90			
여든 ヨドゥン	아흔 アフン			

ここに注意！

● 単位名詞が数字の後につく場合、1, 2, 3, 4, 20は形が変わる。

हाना (ハナ) ／1つ ➡ 한 (ハン)　　　둘 (トゥル) ／2つ ➡ 두 (トゥ)

셋 (セッ) ／3つ ➡ 세 (セ)　　　넷 (ネッ) ／4 ➡ 네 (ネ)

스물 (スムル) ／20 ➡ 스무 (スム)

| 例 | 두 명 (トゥ ミョン) ／2名　　　세 개 (セ ゲ) ／3個

● 時間を表す数詞のうち、「시 (シ) ／時 (時刻)」だけは固有数詞を使う。

固有数詞を使うのは

個数、人数、年齢、時刻、回数など

■固有数詞を使う単位の例

개 (ケ) ／個	명 (ミョン) ／名	시 (シ) ／時	시간 (シガン) ／時間
살 (サル) ／歳	번 (ポン) ／回 (回数を数えるとき)	장 (チャン) ／枚	대 (テ) ／台

🔊 T-1

人の呼び方

同じ「お兄さん」と呼ぶ場合でも男性からと女性からでは言い方が変わったり、目上の人に使える表現とくだけた表現の使い分けがあるのが韓国語。ドラマなどでもよく耳にするので主なものだけでも覚えておきましょう。

私 (ていねいな言い方)	チョ 저	父方のおじいさん	ハラボジ 할아버지
私 (くだけた言い方)	ナ 나	父方のおばあさん	ハルモニ 할머니
お父さん	アボジ 아버지	母方のおじいさん	ウェハラボジ 외할아버지
お父さん (くだけた言い方)	アッパ 아빠	母方のおばあさん	ウェハルモニ 외할머니
お母さん	オモニ 어머니	彼氏	ナムジャチング 남자친구
お母さん (くだけた言い方)	オムマ 엄마	彼女	ヨジャチング 여자친구
両親	プモニム 부모님	夫	ナムピョン 남편
お兄さん (男性が呼ぶとき)	ヒョン 형	婿	サウィ 사위
お姉さん (男性が呼ぶとき)	ヌナ 누나	妻	アネ 아내
お兄さん (女性が呼ぶとき)	オッパ 오빠	嫁	ミョヌリ 며느리
お姉さん (女性が呼ぶとき)	オンニ 언니	息子	アドゥル 아들

※お兄さん、お姉さんは、男性が言うか女性が言うかで言葉が変わる。女性が彼氏を오빠(オッパ)と呼ぶこともある。

弟	ナムドンセン 남동생	娘	ッタル 딸
妹	ヨドンセン 여동생	おじさん(親戚ではない)	アジョッシ 아저씨
友達	チング 친구	おばさん(親戚ではない)	アジュムマ 아줌마

※日本人が「おじさん、おばさん」と呼ぶのをはばかるように、最近ではあまり使われない。

丸暗記
フレーズ集

1つ覚えれば、さまざまな意味に使えるフレーズ、
あいさつやあいづちなど欠かせない表現、
シチュエーションに応じてよく使うフレーズを覚えましょう。
丸暗記すれば、楽しく韓国語会話の
スタートがきれます。

괜찮아요.
クェンチャナヨ

大丈夫です。

最もよく知られている韓国語のフレーズの一つ。基本的には「大丈夫」という意味ですが、いろいろなシチュエーションで活用できます。「大丈夫?」と疑問文にするときは語尾を上げたイントネーションにします。ほかに「これでいいです」という意味になったり、何かを拒否するときにさらっと使えたりもしますので、ぜひ覚えておきましょう。以下の例文では괜찮아요以外の単語も加えていますが、前後の会話で何を指しているかわかれば「クェンチャナヨ」だけでOK。

主な使い方① 　大丈夫かを聞くとき

지금 괜찮아요?
チグム　クェンチャナヨ

지금 （チグム）／今　　　　　　　　　　　　　**今、大丈夫ですか？**

식사 괜찮아요?
シクサ　クェンチャナヨ

식사 （シクサ）／食事　　　　　　　　　　　　**食事はできますか？**

사인 괜찮아요?
<small>サイン　クェンチャナヨ</small>

사인（サイン）／サイン	サインをしてもらえますか？

봐도 괜찮아요?
<small>プァド　クェンチャナヨ</small>

봐도（プァド）／見ても	見てもいいですか？

※写真を見せてもらう、店で品物を見せてもらう、ギャラリーに行ったときなどに使う。

主な使い方② 　大丈夫と伝えるとき

그걸로 괜찮아요！
<small>クゴルロ　クェンチャナヨ</small>

그걸로（クゴルロ）／それ	それで大丈夫です！

그 정도로 괜찮아요.
<small>ク　ジョンドロ　クェンチャナヨ</small>

그（ク）／その 정도로（チョンドロ）／程度で	そのくらいで大丈夫です。

안 가도 괜찮아요.
<small>アン　ガド　クェンチャナヨ</small>

안（アン）／〜ない 가도（カド）／行っても	行かなくても大丈夫です。

主な使い方③ 　けっこうです、とかるく拒否するとき

리필은 이제 괜찮아요.
<small>リピルン　イジェ　クェンチャナヨ</small>

리필（リピル）／レフィル、おかわり 은（ウン）／〜は　이제（イジェ）／もう	おかわりはもうけっこうです。

찍어 주세요.
<small>ッチゴ　ジュセヨ</small>

(写真を) 撮ってください。

「(写真を) 撮る」という意味の찍다 (ッチクタ) を使ったフレーズですが、「撮る」のほかに「(はんこなどを) 押す」という意味もあり、いろいろなシチュエーションで使えるフレーズです。例文をそのまま覚えてしまいましょう。

같이 찍어 주세요.
<small>カチ　ッチゴ　ジュセヨ</small>

같이 (カチ) ／一緒に　　　　　　　　　　一緒に撮ってください。

내비게이션에 이 주소 찍어 주세요.
<small>ネビゲイショネ　イ　チュソ　ッチゴ　ジュセヨ</small>

내비게이션 (ネビゲイション) ／カーナビ　カーナビにこの住所を入れてください。
이 (イ) ／この　주소 (チュソ) ／住所

이 소스에 찍어 주세요.
<small>イ　ソスエ　ッチゴ　ジュセヨ</small>

소스에 (ソスエ) ／ソースに　　　　　　　ソースにつけてください。
※食べ方の説明をするときなどに使う。

내가 널 찍었어.
<small>ネガ　ノル　ッチゴッソ</small>

내가 (ネガ) ／私が　널 (ノル) ／君を　　君はぼくのものだよ。
※ぼくが君に目をつけた、という言い方が転じて。

예뻐요. / 이뻐요.
イェッポヨ イッポヨ

きれいです。（かわいいです。）

「きれいだ」という意味のもともとの単語は「예쁘다（イェップダ）」ですが、「이쁘다（イップダ）」という言い方も広まり、今では標準語になりました。どちらでも自分が言いやすいほうを覚えておくといいでしょう。このフレーズは人や物がきれいというだけでなく、「きれい！」「素敵！」と思うどんなものにも使えるので、とても重宝するフレーズです。

의상이 너무 예뻐요.
ウィサンイ ノム イェッポヨ

의상（ウィサン）／衣装
이（イ）／〜が　너무（ノム）／とても

衣装がすごくきれいです。

카페가 이뻐요.
カペガ イッポヨ

카페（カペ）／カフェ　가（ガ）／〜が

カフェが素敵です。

이 그림 정말 이뻐요.
イ クリム チョンマル イッポヨ

그림（クリム）／絵
정말（チョンマル）／本当に

この絵が本当に素敵です。

얼굴이 예뻐요.
オルグリ イェッポヨ

얼굴（オルグル）／顔

（女性に対し）顔がきれいです。

39

🔊 2-1-4

안 ~ ／ 못 ~
<small>アン</small> <small>モッ</small>

〜しない 〜できない

この二つを覚えておくと、否定や不可能の表現が簡単に言えます。「안（アン）」は動詞や形容詞の前につければ否定形に、「못（モッ）」は動詞の前につければ不可能の表現になります。

안（アン）の使い方

안 가요.
<small>アン ガヨ</small>

가요（カヨ）／行きます 行きません。

안 먹어요.
<small>アン モゴヨ</small>

먹어요（モゴヨ）／食べます 食べません。

안 사요.
<small>アン サヨ</small>

사요（サヨ）／買います 買いません。

안 해요.
<small>ア ネヨ</small>

해요（ヘヨ）／します しません。

못（モッ）の使い方

못 가요.
<small>モッ カヨ</small>

行けません。

못 먹어요.
<small>モン モゴヨ</small>

食べられません。

못 사요.
<small>モッ サヨ</small>

買えません。

못 해요.
<small>モ テヨ</small>

できません。

가능해요?
カヌンヘヨ

可能ですか？

何かができるかどうかを聞くとき、「何か」の後に「가능해요?（カヌンヘヨ?）」をつければOKと覚えておきましょう。食事に行くときなどにお店での会話がスムーズになること間違いなし。可能という意味の言葉「가능（カヌン）」は日本語と少し音が似ているので、覚えやすいと思います。

식사 가능해요?
シクサ　カヌンヘヨ

식사（シクサ）／食事　　　　　　　　　　　　食事はできますか？

두 명 가능해요?
トゥ ミョン　カヌンヘヨ

두 명（トゥミョン）／2人　　　　　　　　　　2人は入れますか？

사진 가능해요?
サジン　カヌンヘヨ

사진（サジン）／写真　　　　　　　　　　　写真撮影はできますか？

포장 가능해요?
ポジャン　カヌンヘヨ

포장（ポジャン）／包装、持ち帰り　　　　　テイクアウトはできますか？

🔊 T-2

SNSやネットでよく使う略語・言い換え

辞書に載っていない言葉が多く使われる、韓国のネットやSNS。新造語と呼ばれる新しい言葉が
すごいスピードで流通しています。いくつか知っておくと、フォローしている韓流スターのSNSを
チェックするときに役立ちます。

よく使う単語の略語	元の単語	
ナムチン 남친	남자친구 (ナムジャチング)	**彼氏　ボーイフレンド**
ヨチン 여친	여자친구 (ヨジャチング)	**彼女　ガールフレンド**
センパ 생파	생일파티 (センイルパティ)	**誕生日パーティー**
セルカ 셀카	셀프카메라 (セルプカメラ)	**自撮り**
センオル 생얼	생얼굴 (センオルグル)	**すっぴん**
ペブク 페북	페이스북 (ペイスブク)	**フェイスブック**
タムナ 탐라	타임라인 (タイムナイン)	**タイムライン**
カトク 카톡	카카오톡 (カカオトク)	**カカオトーク**

ファン活動の略語	元の単語	
コンバン 공방	공개방송 (コンゲバンソン)	**公開放送**
センバン 생방	생방송 (センバンソン)	**生放送**
チョッパン 첫방	첫 방송 (チョッ パンソン)	**初回放送**
サノク 사녹	사전녹화 (サジョンノクァ)	**事前録画**
コンカ 공카	공식 카페 (コンシク カペ)	**公式ファンカフェ**
コングッ 공굿	공식 굿즈 (コンシク クッジュ)	**公式グッズ**

ファン活動の略語	元の単語	
タンコン **단콘**	단독 콘서트 (タンドゥ コンソトゥ)	**単独コンサート**
アンコン **앙콘**	앙코르 콘서트 (アンコル コンソトゥ)	**アンコールコンサート**
ペン ッサ **팬 싸**	팬 사인회 (ペン サイヌェ)	**ファンサイン会**
チュエエ **최애**	가장 사랑함 (カジャン サランハム)	**1番好き**
チャエ **차애**	두 번째로 사랑함 (トゥ ボンチェロ サランハム)	**次に好き**
スムモッ **숨멎**	숨이 멎을 거 같다 (スミ モジュル ッコ カッタ)	本来は「息が止まりそう」の意味→ かっこよすぎて (かわいすぎて) 息 が止まりそう

つづりをくずす	元の単語	読みの音のままつづったり、似た音にくずして書く
チョアヨ **조아요**	좋아요 (チョアヨ)	**いいね**
マニ **마니**	많이 (マニ)	**たくさん**
モヘ **머해**	뭐 해 (ムォ ヘ)	**何してるの?**
カムスァ **감솨**	감사 (カムサ)	**感謝/ありがとう**

子音を加えたかわいい表現	元の単語	パッチムの○やㅅを語尾に加えると かわいらしい表現になる
イップダン **이쁘당**	이쁘다 (イップダ)	**かわいい**
モシッタン **멋있당**	멋있다 (モシッタ)	**かっこいい**
モグルッコヤッ **먹을거얏**	먹을 거야 (モグル ッコヤ)	**食べてやる**
ポミダッ **봄이닷**	봄이다 (ポミダ)	**春だ**

SNS やネットの略語・言い換え

子音のみで表現する略語

ㅜㅜ / ㅠㅠ	（無音）／うぇ～んと泣いている様子	ㄴㄴ	노노（ノノ）／No No
ㅋㅋ	ㅋㅋ（クク）／笑いの表現	ㅎㄹ	헐（ホル）／え!?、は？
ㅎㅎ	하하（ハハ）、흐흐（フフ）／笑いの表現	ㅇㅋ	오케이（オケイ）の略語／オッケー
ㅇㅇ	응（ウン）／うん	ㅅㄱ	수고（スゴ）の略語／おつかれ
ㅎㅇ	하이（ハイ）の略語／Hi！（ハイ!）	ㅊㅋ	축하（チュカ）をくずした「추카」を子音のみで表現／おめでとう
ㅎ2	하이（ハイ）の이（イ）を数字の2で表現した略語／Hi！（ハイ!）	ㄱㅅ	감사（カムサ）の略語／感謝、ありがとう
ㅂㅂ	바이바이（バイバイ）の略語／バイバイ、バーイ	ㅁㅇ	미안（ミアン）の略語／ごめん
ㅃㅃ	빠이빠이（ッパイッパイ）の略語／バイバイ、バーイ	ㅈㅅ	죄송（チュェソン）の略語／ごめん
ㅂ2	바이（バイ）の이（イ）を数字の2で表現した略語／バイバイ、バーイ	ㄹㅇ	레알（レアル）の略語／本当、マジ
ㄷㄷ	덜덜（トルドル）／ぶるぶる	ㄱㅊ	괜찮다（クェンチャンタ）の略語／大丈夫
ㅎㄷㄷ	후덜덜（フドルドル）／ぶるぶる	ㅇ？	왜？（ウェ？）の略語／なぜ？
ㄱㄱ	고고（コゴ）／Go Go	ㅇㄷ？	어디？（オディ?）の略語／どこ？

親しみをこめて名前を呼ぶなら

　韓国では人を呼ぶとき、フルネームもしくは下の名前に「さん」という意味の「씨（ッシ）／님（ニム）」をつけて呼びます。日本では小林さんや田中さんと名字で呼ぶことが多いですが、韓国では「박서준 씨（パクソジュンッシ）／パク・ソジュンさん」とフルネームや「상우 님（サンウ　ニム）／サンウ様」と下の名前で呼び、名字だけで呼ぶことはほとんどありません。

　身内や親しい間柄になると、さらに親密な呼び方になります。同い年や年下の人には名前の後に「아（ア）」や「야（ヤ）」をつけて呼びかけます。使い方は名前の最後にパッチムがある場合は「아（ア）」をつけて「서준아（ソジュナ）」となり、パッチムがない場合は「야（ヤ）」をつけて「상우야（サンウヤ）」となります。また、本人に呼びかけるときには使いませんが、名前を言いやすくしたり言葉の調子を整えるために、パッチムで終わる名前には「이（イ）」をつけることもあります。「○○가 왔다（○○ガ　ワッタ）／○○が来

た」と言うとき、名前の最後にパッチムがない場合は「윤호가 왔다（ユノガ　ワッタ）／ユノが来た」とそのままですが、パッチムがある場合は「창민이가 왔다（チャンミニガ　ワッタ）／チャンミンが来た」と言います。名前の後に「이」をつけて連音化することで言葉の調子を整えるわけです。「상욱（サンウッ）」を「상욱이（サンウギ）」と言うのも同様です。

　では自分より年上の人はどう呼ぶのか？　皆さんもご存じだと思いますが、他人でも家族のように「오빠（オッパ）、형（ヒョン）／お兄さん」「언니（オンニ）、누나（ヌナ）／お姉さん」を名前の後につけます。ですから、アイドルグループのメンバー達がそれぞれをどう呼んでいるかを聞けば、誰が年上で、誰が同じ年もしくは年下なのかがおのずとわかります。ただ、さすがにファンがスター本人に向かって直接呼ぶ場合は、スターが年下であっても「아（ア）」や「야（ヤ）」、「이（イ）」は使わないほうがいいでしょう。

人と会うとき

アンニョンハセヨ
안녕하세요?

※直訳すると「安寧でいらっしゃいますか」。

こんにちは。

チョウム　　プェプケッスムニダ
처음 뵙겠습니다.

처음（チョウム）／初めて
뵙겠습니다（プェプケッスムニダ）／お目にかかります

初めまして。

マンナソ　　パンガウォヨ
만나서 반가워요.

만나서（マンナソ）／会えて
반가워요（パンガウォヨ）／うれしいです

お会いできてうれしいです。

オレンマニエヨ
오랜만이에요.

오랜만（オレンマン）／久しぶり
이에요（イエヨ）／です

お久しぶりです。

チャル　　チネセヨ
잘 지내세요?

잘（チャル）／よく
지내세요（チネセヨ）／おすごしになります

お元気ですか？

チョヌン　　○○エヨ
저는 ○○예요.

저는（チョヌン）／私は

私は○○です。

※○○には名前を入れる。韓国語で「だれだれ」は「누구누구（ヌグヌグ）」と表現するので音声では「ヌグヌグ」としている。

チョヌン　イルボン　　サラミエヨ

저는 일본 사람이에요.

일본（イルボン）／日本
사람（サラム）／人

私は日本人です。

アンニョン

안녕！

※会ったとき、別れるとき、両方に使える表現。

**①やあ！
②じゃあね！**

アンニョンヒ　ガセヨ

안녕히 가세요.

※가세요（カセヨ）は直訳すると「行ってください」。
※相手がその場所を去る場合に使う。

さようなら。

アンニョンヒ　ケセヨ

안녕히 계세요.

※계세요（ケセヨ）は直訳すると「いてください」。
※自分がその場所を去る場合に使う。

さようなら。

ット　マンナヨ

또 만나요.

또（ット）／また
만나요（マンナヨ）／会います
※ていねいに言いたい場合、カジュアルな場合の両方で使える。

またね。

ット　プェヨ

또 봬요.

봬요（プェヨ）／お目にかかります
※目上の人に対して使う。

またね。

シーン別あいさつ

カムサハムニダ
감사합니다.

※直訳すると「感謝します」。

ありがとうございます。

コマウォヨ
고마워요.

※「感謝します」を意味し、감사합니다.よりカジュアルな言い方になる。

ありがとう。

チョンマネヨ
천만에요.

どういたしまして。

チュェソンヘヨ
죄송해요.

※ていねいな言い方をするときに使う。

申し訳ありません。

ミアネヨ
미안해요.

※カジュアルな言い方なので友人などに対して使う。

ごめんなさい。

クレヨ
그래요.

そうです。

アニエヨ
아니에요.

아니（アニ）／いや、いいえ
※元は①の意味だが、「감사합니다.（カムサハムニダ）」に対して「（大丈夫）気にしないで」というニュアンスの返答でも使う。

① いいえ、違います。
② 気にしないで。

チャル　　　モッケッスムニダ
잘 먹겠습니다.

잘（チャル）／よく
먹겠습니다（モッケッスムニダ）／食べます

いただきます。

チャル　　　モゴッスムニダ
잘 먹었습니다.

먹었습니다（モゴッスムニダ）／食べました

ごちそうさまでした。

アンニョンヒ　　　チュムセヨ
안녕히 주무세요.

주무세요（チュムセヨ）／お休みになってください

おやすみなさい。

センイル　　　チュカヘヨ
생일 축하해요.

생일（センイル）／誕生日
축하해요（チュカヘヨ）／お祝いします

誕生日おめでとう。

セヘ　　ポン　　マニ　　　パドゥセヨ
새해 복 많이 받으세요.

※直訳すると「新年に福をたくさんもらってください」。

あけましておめでとう。

基本のあいづち

はい。
① 네.（ネ） ② 예.（イェ）
※ていねいに言う場合。

いいえ。
① 아니요.（アニョ） ② 아뇨.（アニョ）
※아니요の略語。
③ 아니.（アニ）
※いわゆる「タメ口」の表現。

なるほど。
그렇군요.（クロクンニョ）

そうですね。
그렇네요.（クロンネヨ）

そうなんですか？
그래요?（クレヨ）

そうなの？／そう？
그래?（クレ）

本当ですか？
① 정말이에요?（チョンマリエヨ） ② 진짜예요?（チンッチャエヨ）
※「정말（チョンマル）／本当」「진짜（チンッチャ）／本物」と元の言葉の意味は違うが「～예요（エヨ）／～です」「～이에요（イエヨ）／～ですか」がつくと、いずれも「本当ですか？」という同じ意味になる。

本当？／マジ？
① 정말?（チョンマル） ② 진짜?（チンッチャ）
※①は정말이에요?②は진짜예요?を短くカジュアルにした言い方。

使えるあいづち

最高！　　　①최고！　②짱！
<small>チュェゴ　　ッチャン</small>

すごい！／やばい！　　대박！
<small>テバク</small>

え!?　　　헐!?
<small>ホル</small>

さすが！　　역시！
<small>ヨクシ</small>

がんばって！　　①파이팅！
<small>パイティン</small>
※「ファイト!」の正しい表現。

②화이팅！
<small>ファイティン</small>
※最近は파이팅!よりこちらを使う人が多い。

③힘내！
<small>ヒムネ</small>
※「힘 (ヒム) ／力」を「내세요 (ネセヨ) ／出してください」を
カジュアルにした、「力を出してください」から転じた表現。

④아자！
<small>アジャ</small>
※気合いを入れる掛け声から「がんばって」の意味に。

できるよ！　　할 수 있어！
<small>ハルッ　ス　イッソ</small>

行こう！　　가자！
<small>カジャ</small>

51

使えるあいづち

驚いた！

ッカムノル
깜놀！
※驚いたという意味の「깜짝 놀랐다（ッカムチャク ノルラッタ）」を短くした表現。

鳥肌〜

ソルム　　　　　**ソオルム**
①소름　②소오름
※正しい表現。　　※最近はやっている소름の소の音を伸ばして表現する俗語。

OK！／のった！

コル
콜！

うける！

ウッキョ
웃겨！

ひどい！

ノムヘ
너무해！
※TWICEの「TT」の歌詞でもおなじみ

ムカつく！

ッチャジュンナ
짜증나！

あら！

オモ
어머！
※あらあらだったら2回続ける。

どうしよう。

オッチョジ　　　　**オットケ**
①어쩌지.　②어떡해.
※①は「어찌하다（オッチハダ）／どうする、いかにする」の略語。②は「어떡하다（オットカダ）／どうする」の活用形で意味は同じ。いずれもカジュアルな場面で使う。

すみません！

チョギヨ
저기요！
※お店の人を呼ぶときなどに使う。

悩ましい「かわいい」問題

　皆さんが追いかけているスターはカッコいいですか？　それともかわいいですか？　こんな質問をされたら、答えに困りますよね。カッコいいけど、ふと見せるかわいい表情がたまらなかったり、普段はかわいい系なのに時折ステージで見せる男らしさにやられてしまったり……はよくあることですから。

　「かわいい」という言葉は韓国語で「귀엽다（クィヨプタ）」と言います。会話で使うときは「귀여워（クィヨウォ）／かわいい」や「귀여워요（クィヨウォヨ）／かわいいです」。日本では人も物もデザインも、いたるところに「かわいい」があふれているので、20代、30代の男性に「かわいい〜」と言っても特に問題はないと思いがちですが、韓国では大人の男性にも、大人の女性にもほとんど使わない言葉です。男性にこの言葉を言うと、男らしく見られていない、少しバカにされているなどと思われてしまうことも。女性ならば外見はほめられていないようにとられるので、注意が必要です。

　もし相手をほめたいなら、男性には「멋있어요（モシッソヨ）／カッコいいです」や「잘 생겼어요（チャル　センギョッソヨ）／イケメンです」。女性には「예뻐요（イェッポヨ）／きれいです」や「아름다워요（アルムダウォヨ）／美しいです」と伝えるほうが喜ばれます。

　基本的には「귀여워요」は子どもや、物、色、キャラクターなどに使われますが、ファン同士なら「태민 너무 귀여워!（テミン　ノム　クィヨウォ！）／テミンがとってもかわいい！」などと盛り上がっちゃいましょう。本人がいない場所で、またはコンサートやイベントで「귀여워（クィヨウォ）」を使うのは全く問題ありません。ちなみに最近はめちゃくちゃかわいいことを最高という意味の「짱（ッチャン）」に「귀엽다（クィヨプタ）」の「귀（クィ）」をつけて「짱귀（ッチャングィ）」と言います。「우리 태민 짱귀!（ウリ　テミン　ッチャングィ！）／私たちのテミンはめちゃくちゃかわいい！」と言えば、あなたもネイティブの仲間入りです。

추천 요리가 뭐예요?
チュチョン　ニョリガ　ムォエヨ

おすすめ料理は何ですか？

추천 요리가 뭐예요？
おすすめ　料理　は　何ですか

注文に迷ったらおすすめメニューを聞いてみましょう。最後の文字でどんな調理法なのかだいたいわかります。例えば「찌개（チゲ）」は日本でもおなじみの具だくさん濃厚スープ。「탕（タン）」はスープで、スープが主体の鍋料理、という具合。

例文 안 매운 요리가 뭐예요？（アン メウン ニョリガ ムォエヨ）
辛くない料理はどれですか？

ここを *Check!*

日本語の「〜が」や「〜は（一部の疑問文など）」にあたり、文の主語であることを表す助詞について学びましょう。「〜」にあたる名詞の最後の文字にパッチムがない場合は「가（ガ）」、パッチムがある場合は「이（イ）」をつけます。例えば「요리（ヨリ）／料理」の最後の文字「이（イ）」にはパッチムがないので「가（ガ）」をつけて「요리가（ヨリガ）／料理が」になります。「음식（ウムシク）／食べもの」なら「식（シク）」にパッチムがあるので「음식이（ウムシギ）／食べものが」です。

저분이랑 같은 거 주세요.
チョブニラン　カトゥン　ゴ　チュセヨ

あの人と同じものをください。

저분이랑 같은 거 주세요.
あの人と　　同じ　もの　ください

メニューを見ても説明を聞いてもわからない。そんなときは周りを見てみましょう。なじみのお客さんたちが食べているのはきっとそのお店のおすすめ料理のはずです。おいしそうな料理が見つかったら、店員さんを呼んでこのフレーズを。失礼にならないようにそっと指差しすれば伝わるでしょう。

ご参考までに、料理名の最後が「구이（クイ）」は焼きもの。「찜（ッチム）」は蒸しもの、「볶음（ポックム）は炒めもの、「튀김（トゥィギム）は揚げもの、「덮밥（トプパプ）」は丼ものです。

ライブ❤韓国語

チヂミがメニューにない!?

代表的な韓国料理で、日本人にも人気のメニューといえばチヂミ。「지짐이（チヂミ）」という言葉は慶尚道という地方の一部地域の方言なので、ソウルの食堂のメニューではほとんど見かけません。チヂミを注文するときは「전（チョン）」と言いましょう。メニューには材料の後に전と書かれており、キムチチヂミは「김치전（キムチジョン）」、ネギチヂミは「파전（パジョン）」、海鮮チヂミは「해물전（ヘムルジョン）」となります。ちなみに私が一番好きなのは「굴전（クルジョン）／牡蠣チヂミ」です。

チョンマル　　　マシッソヨ
정말 맛있어요.

本当においしいです。

정말 맛있어요.
本当に　　　　おいしいです

「おいしいです」という意味の「맛있어요 (マシッソヨ)」は、ほとんどの人が知っている表現だと思います。そこで、より「おいしかった！」という気持ちを伝えるために、「정말 (チョンマル)」など、程度を表す言葉をつけて言ってみると、イキイキした会話になります。

例文 국물이 정말 맛있어요. (クンムリ　チョンマル　マシッソヨ)
スープが本当においしいです。

ここを*Check!*

日本語の「〜です、ます」にあたるていねいな語尾を学びましょう。まず原形 (辞書に載っている形) から語尾の「다 (タ)」を取ります。「맛있다 (マシッタ) ／おいしい」なら、取ったところの母音が陰母音 (16ページ参照) なので「맛있 (マシッ)」

に「어요 (オヨ)」をつけて、「맛있어요 (マシッソヨ) ／おいしいです」になります。「놀다 (ノルダ) ／遊ぶ」なら「다 (タ)」を取ったところの母音は陽母音なので「아요 (アヨ)」をつけて「놀아요 (ノラヨ) ／遊びます」となります。

너무 맛있어요.
ノム　マシッソヨ

めちゃくちゃおいしいです。

너무 맛있어요.
すごく　おいしいです

「정말 (チョンマル) ／本当に」以外にも、上記のような程度を表す言葉をいくつか覚えておくと、自分の気持ちがより伝わる表現ができます。例えば「本当」という意味の「진짜 (チンッチャ)」をつけて「진짜 맛있어요 (チンッチャ　マシッソヨ)」なら、「本当においしいです」の別表現になります。정말と진짜の違いですが副詞的に使う場合にはどちらの表現も「本当に」「マジで」という意味となり、大きな違いはありません。ちなみに「本当？」「マジ？」と言いたいときは「정말？」「진짜？」の一言で十分。ポイントは語尾を上げるイントネーションです。

ライブ☺韓国語

お店も自分も気分がよくなるフレーズ

おいしく食べた後は、それをお店の人に伝えてあげましょう。私はよくお店を出るときに一言「맛있었어요！ (マシソッソヨ！)」というフレーズを言うようにしています。これは「맛있어요 (マシッソヨ) ／おいしいです」の過去形で、過去形で言うことがポイント。「ごちそうさまでした。おいしかった～」という感覚です。お店の方も必ず笑顔で応えてくれて、お互いにいい気分になれること間違いなしです。

ユノ　ッシガ　アンジュン　チャリヌン　　オディエヨ
윤호 씨가 앉은 자리는 어디예요?

ユノさんが座った席はどこですか？

윤호 씨가 앉은 자리는
ユノ　さん　が　座った　　席　は
어디예요？ / 어디에 있어요？
どこですか　　　　どこに　ありますか

憧れのスターが訪れた店に行って、スターが座った席で同じものを食べてみたい。熱心なファンなら経験したいことの一つです。周りの迷惑にならないことも心がけたいですね。コンサート会場や映画館などの席も含め、「자리（チャリ席／）」と言います。

例文 창민 씨 사인은 어디예요？（チャンミン ッシ サイヌン オディエヨ）
チャンミンさんのサインはどこですか？

ここを*Check!*

日本語の「〜は」にあたる、文の主格であることを表す助詞を学びましょう。名詞の最後の文字にパッチムがない場合は「는（ヌン）」を、パッチムがある場合は「은（ウン）」をつけます。「자리（チャリ）／席」ならパッチムがないので「는（ヌン）」をつ

けて「자리는（チャリヌン）／席は」になります。「화장실（ファジャンシル）／お手洗い」なら最後の文字「실（シル）」にパッチムがあるので「은（ウン）」をつけて「화장실은（ファジャンシルン）／お手洗いは」になります。

자리가 있어요?
<ruby>자리<rt>チャリガ</rt></ruby> <ruby>있어요<rt>イッソヨ</rt></ruby>

席はありますか？

자리가 있어요 ?
席　が　ありますか

空席があるかどうか聞くときの表現です。ある場合は「몇 분이세요?（ミョッ プニセヨ?）／何名様ですか？」とお店の人が聞き返してくるはず。そうしたら「한 명（ハン ミョン）／1人」、「두 명（トゥ ミョン）／2人」、「세 명（セ ミョン）／3人」、「네 명（ネ ミョン）／4人」という人数の後に「이에요（イエヨ）／です」をつけて答えましょう。席がない場合はお店の人が「자리가 없어요（チャリガ オプソヨ）／席はありません」と返してくるはずです。また、お目当てのスターが座った席を教えてもらったら、「그 자리에 앉고 싶어요.（ク チャリエ アンコ シポヨ）／その席に座りたいです」と伝えてみましょう。

ライブ❤韓国語

同じものを頼みたい！

お目当てのスターが食べたメニューを注文するときは「○○ 씨가 먹은 거 주세요（○○ ッシガ モグン ゴ チュセヨ）／○○さんが食べたものをください」で伝わります。洋服なら「○○ 씨가 입은 거랑 같은 거 주세요（○○ ッシガ イブン ゴラン カトゥン ゴ チュセヨ）／○○さんが着ていたものと同じものをください」でOK。ちなみにファンが足繁く通う飲食店などでは、スターの名前をつけたセットメニューを用意しているところもあるようですよ。

🔊 2-3-4

맥주 두 병 주세요.
メクチュ トゥ ビョン チュセヨ

ビールを2本ください。

맥주 두 병 주세요.
ビール　　2　　本　　ください

ビールの瓶を数える単位は「병 (ピョン)」、コップを数える場合は杯の意味の「잔 (チャン)」を使います。その際の数詞は、固有数詞の「하나 (ハナ)」「둘 (トゥル)」「셋 (セッ)」…で、「한 병 (ハン ビョン)」、「두 병 (トゥビョン)」…となります。

例文 소주 한 병 주세요. (ソジュ ハン ビョン チュセヨ)
焼酎1本ください。

ここを *Check!*

何かを頼むときによく使う表現を学びましょう。欲しいものの名前の後に「주세요 (チュセヨ) ／ください」をつけます。「좀 (チョム) ／ちょっと」を加えた「맥주 좀 주세요 (メクチュ チョム チュセヨ) ／ビールください」なら少しやわらかい印象になります。2杯の生ビールを注文する場合は「생맥주 두 잔 주세요 (センメクチュ トゥ ジャン チュセヨ)」と話します。「주세요 (チュセヨ)」のよりていねいな表現は「주시겠어요? (チュシゲッソヨ?) ／くださいませんか?」です。

병따개 주세요.
ピョンッタゲ **チュセヨ**

栓抜きをください。

병따개 주세요.
栓抜き　ください

韓国で瓶ビールを注文すると、必ずと言っていいほど栓は抜かれずに出てきます。しかし栓抜きを一緒に持ってきてくれるところは少ないのでとまどうことに。庶民的な韓国料理店では、店内のどこかに置いてあったり掛けてあったりします。場所がわからなかったら「병따개 없어요？（ピョンッタゲ オプソヨ）／栓抜きはありませんか？」と聞いてみましょう。また、ビールは注文した数をいっぺんに持ってきてしまうので、冷たいものが飲みたいなら1本ずつ注文することをおすすめします。

ライブな韓国語

ビールはお気に入りの銘柄を

ビールを注文すると「뭐 드실래요？（ムォ トゥシルレヨ？）／何を飲まれますか？」とお店の人からよく銘柄を聞かれるので、お気に入りがあれば言ってみましょう。日本語読みとは発音が少し違い、Maxは「맥스（メクス）」、Hiteは「하이트（ハイトゥ）」、OBは「오비（オビ）」です。Cassは「카스（カス）」で、最初のカを強く言うのがポイント。日本のビールのようなしっかりした味が好みならCloud「클라우드（クルラウドゥ）」やTerra「테라（テラ）」がおすすめ。

물／차 주세요.

ムル　チャ　チュセヨ

水／お茶をください。

물／차 주세요.

水　お茶　ください

「주세요 (チュセヨ)」はくださいという意味。韓国語でまず覚えたいフレーズの一つです。何か欲しいときは주세요と言いましょう。水はセルフサービスの場合が多く「물은 셀프예요 (ムルン セルプエヨ)／水はセルフです」と言われることも。セルフサービスは「셀프 (セルプ)」と言います。また、물 주세요と頼んでも、麦茶やとうもろこし茶が出てくることもあります。

例文 냉면 주세요. (ネンミョン チュセヨ)
冷麺ください。

ここをCheck!

冷たいお茶をもらいたいときは「차다 (チャダ)／冷たい」と「차 (チャ)／お茶」を組み合わせて使います。「形容詞＋名詞」とするときには形容詞の形が変わります。「차다 (チャダ)」の場合、まず原形から語尾の「다 (タ)」を取り、取ったところにパッチムがないので「ㄴ (ン)」をつけて「찬 차 (チャン チャ)／冷たいお茶」となります。「좋다 (チョタ)／いい」なら「다 (タ)」を取ったところにパッチムがあるので「은 (ウン)」をつけて「좋은 차 (チョウン チャ)／いいお茶」となります。

パンチャン ト チュセヨ
반찬 더 주세요.

おかずをもっとください。

반찬 더 주세요.
おかず もっと ください

韓国料理のうれしいところは、料理を1品注文しただけで「반찬（パンチャ
ン)」がたくさん出てくること。これがまたおいしくて、あっという間に
完食なんてこともよくありますよね。さっきの반찬をもう少し食べたい
なというときは、ためらわずに空いたお皿を指差して上記のように「주
세요（チュセヨ)」の前に「もっと」という意味の「더（ト)」をつけて言い
ましょう。言い方のポイントは「トー」、という感じで少し伸ばすこと。ち
なみに반찬も「셀프（セルプ)」というお店が増えています。

お手ふきがない!?

韓国の飲食店では、おしぼりはあまり出てきません。少し高級なお店だっ
たらセッティングされていますが、庶民的なお店だとほぼ出されないかも。
でも経験上、頼んでみたら出してくれるお店が意外とあるんです。おしぼ
りが欲しいときは「물수건（ムルスゴン)／おしぼり」や「물티슈（ムルティ
シュ)／ウェットティシュ」に주세요をつけて言ってみましょう。ちなみにど
ちらの単語にもついている「물（ムル)」は水。濡れた「수건（スゴン)／タ
オル」だから물수건、濡れた「티슈（ティシュ)／ティシュ」だから물티슈です。

숟가락／젓가락 있어요?
スッカラク　チョッカラク　イッソヨ

スプーン／箸はありますか？

숟가락／젓가락 있어요？
スプーン　　　箸　　ありますか

「○○はありますか？」は「○○ 있어요？（イッソヨ?）」という言い方で
OK。探しているものがあれば何でも○○に入れて聞いてみましょう。
例えば肉を切るはさみがほしいときは「가위 있어요？（カウィ イッソヨ?）
／はさみはありますか？」。エプロンを頼みたければ「앞치마 있어요？（ア
プチマ イッソヨ?）／エプロンはありますか？」となります。

例文 앞접시 있어요？（アプチョプシ イッソヨ）
取り皿はありますか？

ここを*Check!*

物の存在を尋ねるときに使う表現を学び
ましょう。名詞の後に「있어요？（イッソ
ヨ?）／ありますか？」や「없어요？（オプ
ソヨ?）／ありませんか？」をつけます。
疑問文なので語尾は上げて言いましょう。
韓国にはスプーンと箸、両方を指す「수저

（スジョ）」という単語があり、それを使っ
て「수저 있어요？（スジョ イッソヨ?）／
スプーンと箸はありますか？」と聞くこと
ができます。また「젓가락 없어요？
（チョッカラク オプソヨ?）／箸ありません
か？」も便利な表現です。

숟가락／젓가락 어디에 있어요?
スッカラク　チョッカラク　オディエ　イッソヨ

スプーン／箸はどこにありますか？

숟가락／젓가락 어디에 있어요？
スプーン　　箸　　どこに　ありますか

どこにあるかを聞くときは「어디에（オディエ）／どこに」という言葉を、ものの名前と있어요（イッソヨ）の間に入れます。これで「○○はどこにありますか？」という意味になります。探しているものや場所の後に「어디에 있어요？」と言うか、あるいは助詞の「에（エ）」を取って「어디 있어요？（オディ　イッソヨ？）」と言うだけでも十分通じます。何なら「어디예요？（オディエヨ？）／どこですか？」だけでもOKです。発音が簡単で短いフレーズほど覚えやすいので、そういうフレーズをたくさん知ることが韓国語が話せるようになる近道です。使える短いフレーズは丸暗記してしまいましょう。

ライブな韓国語

それで、スプーンはどこに？

韓国の飲食店では숟가락と젓가락はだいたい、テーブルの上の小さいボックスに入っているようですが、それがないお店も。その場合はテーブルの側面を探してみましょう。テーブルに引き出しがついていて、その中にスプーンや箸が入っていることが多いのです。引き出しは「서랍（ソラプ）」と言います。お店の人から「서랍에 들어 있어요（ソラベ　トゥロ　イッソヨ）／引き出しに入っています」と言われたら、迷わず引き出しを探しましょう。

65

이거 매워요?
(イゴ　メウォヨ)

─────────────────

これは辛いですか？

이거 매워요?
これ　　辛いですか

「매워요（メウォヨ）」の前にメニューの名前を言うか、メニューを指差して「이거（イゴ）」とつければOK！　語尾のイントネーションを上げれば「辛いですか？」となります。ちなみに「辛くない」と言う場合は「매워요」の前に否定の「안（アン）」をつけます。

例文 이 음식 매워요?（イ ウムシク メウォヨ）
この食べものは辛いですか？

ここを**Check!**

語尾に「아요（アヨ）/어요（オヨ）/～です、ます」をつけるとき、原形の語尾「다（タ）」を取ったところの文字のパッチムが「ㅂ（プ）」の場合、不規則な変化をするものがあります。その1つ「맵다（メプタ）/辛い」は「맵（メプ）」の「ㅂ（プ）」を「우（ウ）」に変えた「매우（メウ）」＋「어요（オヨ）」をさらに短縮して「매워요（メウォヨ）/辛いです」になります。一方、「좁다（チョプタ）/狭い」は規則的に変化するので、「좁아요（チョバヨ）/狭いです」になります。

안 맵게 해 주세요.
_{アン メプケ へ ジュセヨ}

辛くしないでください。

안 맵게 해 주세요．
~ない 辛く して ください

辛いと言われてもやっぱりどうしても食べてみたい。そんなときは「안 맵게 해 주세요」と伝えてみましょう。ほかの表現としては、そこまで満たないという意味の「덜（トル）」という言葉をつけて「덜 맵게 해 주세요（トル メプケ へ ジュセヨ）／あまり辛くしないでください」という言い方もあります。お店はけっこうリクエストに応えてくれるので、あきらめずに頼んでみましょう。そうは言ってもやっぱり辛いという場合が多いのですが……。

ライブ☻韓国語

「辛い」もいろいろ

私はいつも「辛ラーメンの袋だって韓国語のテキストになりますよ」と伝えています。韓国旅行で買った食品のパッケージに書かれている韓国語を読めば、味の表現が学べます。例えば「辛い」は「맵다（メプタ）」ですが「매콤하다（メコマダ）」はうまみを感じる控えめな辛さ。「얼큰하다（オルクナダ）」となると汗をかくほどの辛さで、「칼칼하다（カルカラダ）」は刺激を感じるほどの辛さになります。即席ラーメンのパッケージで探してみましょう。

많이 줄 서 있네요.
マニ　チュル　ソ　インネヨ

（人が）たくさん並んでいますね。

많이 줄 서 있네요.
たくさん　並んで　いますね

満席で待つ場合のシステムはお店ごとに違います。お店の人に「줄 서 주세요 (チュル ソ ジュセヨ) ／並んでください」と言われたら外に並びましょう。お店の人が対応してくれないときは「안에서 기다려도 돼요? (アネソ キダリョド トゥェヨ?) ／中で待てばいいですか?」などと聞いてみましょう。

例文 줄 서면 돼요? (チュル ソミョン トゥェヨ?)
並べばいいですか?

ここを*Check!*

ある動作が続いていることを表す「〜ている」の表現を学びましょう。「줄 서다 (チュル ソダ) ／並ぶ」なら、まず原形から語尾の「다 (タ)」を取ったところの母音が「어 (オ)」＝陰母音なので、「어 있어요 (オ イッソヨ)」をつけて、「줄 서 있어요 (チュル ソ イッソヨ) ／並んでいます」。「서 (ソ)」と「어 (オ)」は同じ母音なので、「어 (オ)」は省略されます。「가다 (カダ) ／行く」なら、「아 있어요 (ア イッソヨ)」をつけて「가 있어요 (カ イッソヨ) ／行っています」です。

これも覚えたい！

김밥 두 줄 주세요.
キムパプ　トゥ　ジュル　チュセヨ

キンパを2本ください。

김밥 두 줄 주세요.
キンパ　2　本　ください

「줄（チュル）」というのは列や行、また綱やひも、楽器の弦などを表す言葉です。「김밥（キムパプ）」を数えるときはこの「줄」を使い、注文するときも「한 줄（ハン ジュル）／1本」、「두 줄（トゥ ジュル）／2本」、「세 줄（セ ジュル）／3本」と数えていきます。ちなみに文章の行を数えるときも同様。韓国の映画館アプリには必ず作品を見た人の感想がアップされているのですが、それを「한줄평（ハンジュルピョン）」と言います。一行で書かれた「평（ピョン）／評」という意味からきています。

ライブ☆韓国語

行列嫌いが行列する理由

韓国の人はお店の前で並ぶのが嫌いだと思っていましたが、最近は様子が違うようです。ここ数年、おいしいお店を紹介するジャンルのテレビ番組「먹방（モクパン）」が増えた影響で、番組内で紹介されたお店に多くの人が集まるようになり、必然的に人が並ぶ光景がよく見られるようになりました。ちなみに昔から韓国の人が長蛇の列を作る光景が見られる日が、年に3回ある「복날（ポンナル）／伏日」。日本の「土用の丑の日」のようなもので、暑い日に熱いサムゲタンを食べて夏バテを予防します。

커피 세 잔 가져갈게요.
コピ　セ　ジャン　カジョガルッケヨ

コーヒーを3つテイクアウトします。

커피　세　잔　가져갈게요 .
コーヒー　3　杯　テイクアウトします

カフェのメニュー名は日本と共通のようでいて読み方が微妙に違います。カフェラテは「카페라떼 (カペラッテ)」、フラペチーノは「프라푸치노 (プラプチノ)」。ホットは「핫 (ハッ) ／ HOT」か「따뜻한 거 (ッタットゥタン ゴ) ／温かいもの」、アイスは「아이스 (アイス) ／ ICE」か「차가운 거/ (チャガウン ゴ) ／冷たいもの」です。

例文 빨대 두 개 주세요. (ッパルッテ トゥ ゲ チュセヨ)
　　　ストローを2本ください。

ここを*Check!*

意志や意向を表す表現を学びましょう。まず、動詞の原形から語尾の「다 (タ)」を取り、取ったところにパッチムがない場合は、「ㄹ게요 (ルッケヨ)」を、パッチムがある場合は「을게요 (ウルッケヨ)」をつけます。「가져가다 (カジョガダ) ／持っ

ていく」はパッチムがないので「ㄹ게요 (ルッケヨ)」の「ㄹ (ル)」パッチムを가 (ガ) につけて「가져갈게요 (カジョガルッケヨ) ／持ち帰ります」となります。「먹다 (モクタ) ／食べる」は「먹을게요 (モグルッケヨ) ／食べます」です。

커피 리필 부탁해요.
コピ　　リピル　プタケヨ

コーヒーのおかわりをお願いします。

커피　리필　부탁해요.
コーヒー　おかわり　お願いします

世界で一番コーヒーショップがあるのではないかと思う韓国・ソウル。スターバックスなどの外資系からCaffe Beneなどの韓国発まで、チェーン店がひしめき合っています。そういったチェーン店では無理ですが、普通のカフェだとコーヒーのおかわりが頼めたりします。韓国語に「おかわり」という単語はないため、英語のrefillを使って「리필（リピル）」と言います。ちなみにレストランなどでよく見る「무한리필（ムハンリピル）」は直訳すると「無限おかわり」。つまり食べ放題という意味です。

ライブな韓国語

ドリップコーヒーよりアメリカーノな国

韓国人はエスプレッソをお湯で薄めたアメリカーノが大好き。一方、大のコーヒー党である私は常に本格的なコーヒーが飲みたいので、チェーン店でもよく「드립 커피（ドゥリプ コピ）／ドリップコーヒー」を頼みます。しかし、店ではアメリカーノが主流でドリップはあまり注文されないため、毎回待たされることに。お店の人に「아메리카노는 금방 나와요（アメリカノヌン クムバン ナワヨ）／アメリカーノならすぐに出ます」と言われても「기다릴게요（キダリルッケヨ）／待ちます」と答える私なのです。

71

포장돼요?／포장 가능해요?

ポジャントゥェヨ　　　　ポジャン　　　カヌンヘヨ

テイクアウトできますか？／テイクアウトは可能ですか？

포장 <u>돼요</u>？ / 포장 가능해요？
包装　できますか　　　包装　可能ですか

「포장（ポジャン）」は漢字で書くと包装。そこからテイクアウトという意味を持つように。韓国では「포장가능（ポジャンカヌン）／テイクアウト可能」と書いてあるお店をよく見かけ、多くの店でお持ち帰りができます。スープ系でもOK。一人旅のときには持ち帰って、ホテルの部屋でテレビでも見ながらゆっくり食べるのもよいものですよ。

例文 설렁탕 포장돼요?（ソルロンタン ポジャン トェヨ）
ソルロンタンはテイクアウトできますか？

 ここを*Check!*

「되다（トゥェダ）／なる、できる」を使った「〜できます／できますか？」の用法を学びましょう。「되다（トゥェダ）」にていねいな語尾をつけるには、まず語尾の「다（タ）」を取ります。取ったところが「되（トゥェ）」＝陰母音なので「어요（オヨ）」をつけ「되어요（トゥェオヨ）」になります。そこからさらに母音が短縮して「돼요（トゥェヨ）」になります。なお、「되요」という表記を見かけることがあるかもしれませんが、ここで挙げた「돼요」が正しいです。

이거 포장해 주세요 .
（イゴ　　ポジャンヘ　　ジュセヨ）

これをテイクアウトにしてください。

이거　포장해　주세요 .
これ　　包装　して　　ください

韓国の一品料理は基本的に量が多め。人数分を注文したはずなのに食べきれないことがよくあります。残してしまってもったいないな、と思うこともしばしば。そんなときはこのフレーズを言って、残った料理を持ち帰りましょう。チヂミや韓国風チキンなどはホテルでの部屋飲みにぴったりのつまみになります。冷たいビールや焼酎も準備して、2次会スタートです。

ライブな韓国語

ポジャンマチャに行ってみよう

韓国の街を歩くとよく見かけるのが屋台。韓国語で屋台を「포장마차 (ポジャンマチャ)」と言います。明洞 (ミョンドン) にずら～っと並んでいるのは軽食系の屋台で、一般的に「노점 (ノジョム) ／露店」と言います。日本のお祭りで見る屋台に近い感じです。南大門 (ナムデムン) や乙支路 (ウルチロ) の裏通りによくあるのが、座ってお酒が飲める「포장마차 (ポジャンマチャ)」。ドラマなどにもよく登場します。ソウル旅の上級者にはぜひこういうタイプの포장마차にトライしていただきたいもの。お酒は絶対、焼酎でね。

🔊 T-3

メニュー

旅の大きな楽しみは、その土地のおいしいものを食べること。料理の韓国語名を覚えておくと、
お目当ての料理をよりスムーズに注文できるようになるはずです。

メニュー	メニュ 메뉴	ホットク	ホットク 호떡
料理	ヨリ 요리	冷麺	ネンミョン 냉면
キムチ	キムチ 김치	ジャージャー麺	ッチャジャンミョン 짜장면
カクテキ	ッカクトゥギ 깍두기	レバ刺し	センガン 생간
チヂミ	チヂミ 지짐이	ユッケ	ユクェ 육회
ナムル	ナムル 나물	チャプチェ	チャプチェ 잡채
プルコギ	プルゴギ 불고기	卵蒸し （茶碗蒸し）	ケランッチム 계란찜
サムギョプサル	サムギョプサル 삼겹살	カンジャン ケジャン	カンジャンケジャン 간장게장
チーズ タッカルビ	チジュ　タッカルビ 치즈 닭갈비	豚足	チョクパル 족발
スンドゥブチゲ	スンドゥブッチゲ 순두부찌개	活たこ	サンナクチ 산낙지
ブデチゲ	プデッチゲ 부대찌개	スンデ （豚の腸詰め）	スンデ 순대
サムゲタン	サムゲタン 삼계탕	水	ムル 물
ソルロンタン	ソルロンタン 설렁탕	コーヒー	コピ 커피
カムジャタン	カムジャタン 감자탕	紅茶	ホンチャ 홍차
わかめスープ	ミヨックク 미역국	ジュース	チュス 주스
クッパ	ククパプ 국밥	ビール	メクチュ 맥주
ビビンバ	ビビムパプ 비빔밥	マッコリ	マクコルリ 막걸리
キンパ	キムパプ 김밥	ワイン	ワイン 와인
トッポギ	ットクポッキ 떡볶이		

韓国の「年齢聞かれる」問題

　年齢をたずねるフレーズ（96ページ）の解説でも書きましたが、韓国人は人と知り合うと、まず相手の年齢を聞いてくることが多いです。日本では、初対面の女性にストレートに年齢を聞くのはタブーですが、韓国では「年長者を敬う」という考えが根付いているので、言葉遣いなどで失礼がないように年齢を明確にしたがります。また、韓国では親しくなると身内でなくても「오빠（オッパ）、형（ヒョン）／お兄さん」や「언니（オンニ）、누나（ヌナ）／お姉さん」と呼ぶので、年齢を聞くのはもっと親しくなりたいという気持ちの表れなのだと私は思っています。

　長年、韓流イベントの司会をしていますが、누나や언니と呼ばれることはあっても、私が오빠と呼べるスターにはなかなか出会えません。お仕事をさせていただく際は、必ずプロフィールをチェックするので、その方が私より年齢が上か下かは事前にわかっています。以前、生まれ年が同じという俳優Aさんのイベントを担当したことがあり

ました。初めてお会いするのに、なぜかしらわいてくる親近感（笑）。イベントを楽しく終えた後、打ち上げに誘われご一緒させていただきました。その場でAさんに年齢を聞かれたので、「同じ年の生まれですよ」と返したところ「何月生まれ？」とさらに攻めの質問が。私が素直に答えると「ってことは、僕より누나じゃない！」と一言。その後、Aさんから누나と呼ばれ、うれしいんだかどうなんだか、なんとも複雑な気持ちになった思い出があります。あぁ、私も오빠と呼んでみたい！（切実）

　ちなみに年齢を聞くときのフレーズですが、失礼がないように気をつけたい場合は「나이가 어떻게 돼요？（ナイ ガ オットケ トゥェヨ？）」とするとベターです。「나이（ナイ）」という言葉を使わずに「몇 년생이에요？（ミョンニョンセンイエヨ）／何年生まれですか？」でもいいでしょう。同じ生まれ年だったら、○○に生まれた年（西暦）の下2けたを入れて「○○Line」と呼び合えば、親密度がきっとアップします。

○○エ 　　　ペニエヨ
○○의 팬이에요.

······

○○のファンです。

<u>○○의</u> <u>팬</u>이에요 .
　○○の　　　ファン　　です

韓国人スターの本国でのコンサートやイベントに行くと、日本で活動しているときとはまた違った姿が見られるのがファンにとってはうれしいものです。そして会場で現地の友達ができたらさらに楽しいはず。きっかけを作りたいときは「누구 팬이에요?（ヌグ ペニエヨ?）／誰のファンですか?」と聞いてみましょう。

例文 ○○ 씨를 좋아해요. (○○ ッシルル チョアヘヨ)
○○さんが 好きです。

ここを *Check!*

名詞の後につけて日本語の「～です」のような意味になる語尾を学びましょう。名詞の終わりにパッチムがない母音で終わる場合は「예요（イェヨ）」を、パッチムがある場合は「이에요（イエヨ）」をつけます。「팬（ペン）／ファン」ならパッチムで終わるので「이에요（イエヨ）」をつけて「팬이에요（ペニエヨ）／ファンです」になります。「팬레터（ペンレト）／ファンレター」なら、母音で終わるので「예요（イェヨ）」をつけて「팬레터예요（ペンレトエヨ）／ファンレターです」になります。

これも覚えたい！

○○의 왕팬이에요.
○○エ　　ワンペニエヨ

○○の大ファンです。

○○의　왕팬이에요.
○○の　大ファン　です

韓国人は言葉を省略してどんどん新しい言葉を作っていくのが大好きなようです。「왕팬（ワンペン）」は「팬（ペン）／ファン」の前に「王」という意味の「왕（ワン）」をつけたもので、大ファンという意味で使われます。「私、○○の大ファンなの！」と言う場合、「나　○○　왕팬이야!（ナ　○○　ワンペニヤ!）」と言えば大好き感がしっかりと伝わります。また、76ページの例文にある「좋아해요（チョアヘヨ）／好きです」や「사랑해요（サランヘヨ）／愛してます」の前に「많이（マニ）／たくさん」、「정말（チョンマル）、진짜（チンッチャ）／本当に」などをつけると、もっと気持ちが伝わります。

ライブな韓国語

ファン活を学べるドラマ

韓国のファン活動事情を詳しく知りたいという方におすすめしたいのがパク・ミニョン、キム・ジェウク主演の韓国ドラマ「彼女の私生活」です。美術館勤務の主人公の裏の顔が「팬 카페（ペン カペ）／ファンカフェ」＝スター公認の私設ファンクラブの「홈마스터（ホムマスト）／マスター」さんで、ドラマで描かれる彼女の生活からファン活動の実態が学べます。ちなみに正会員になるのが最も難しいとされるBTSのファンカフェの正会員になれた友人は、それを知った瞬間、お店の中なのに大声でキャー！と叫んでいました。

チョンマル　モシッソヨ
정말 멋있어요.

本当に カッコイイです。

정말 멋있어요 .

本当に　　　かっこいいです

「멋있다 (モシッタ)」には、素敵なという意味合いが含まれているので、容姿だけでなく、行動や立ち居振る舞いまで、広い意味で使われます。似た言葉で「멋지다 (モッチダ)」があり、しいて言うならば멋있다よりも멋지다のほうが意味が若干強調されます。言いやすいほうを覚えるといいでしょう。

例文 멋있어 죽겠어! (モシッソ チュクケッソ！)
かっこよすぎて死にそう！

ここを *Check!*

過去形を学んでみましょう。動詞や形容詞の過去形の原形からまず「다 (タ)」を取ります。「멋있다 (モシッタ) ／かっこいい」なら、「다 (タ)」を取ったところの母音が陰母音なので「었어요 (オッソヨ)」をつけて、「멋있었어요 (モシッソッソヨ) ／

かっこよかったです」になります。「알다 (アルダ) ／知る、わかる」なら、「다 (タ)」を取ったところの母音が陽母音なので「았어요 (アッソヨ)」をつけて、「알았어요 (アラッソヨ) ／知りました、わかりました」になります。

チョンマル チャル センギョッソヨ
정말 잘 생겼어요!

本当にイケメンですね！

정말 잘 생겼어요！
本当に　　イケメンです

ストレートに顔がイケメンと言いたいときは「잘 생겼어요（チャル センギョッソヨ）」を使いましょう。「잘（チャル）／良く」＋「생기다（センギダ）／生じる」と言う意味から「イケメンですね」という意味になります。「ブサイク」は「できない」という意味の言葉「못（モッ）」をつけて「못생겼어요（モッセンギョッソヨ）」です。ちなみにハイタッチ会などでスターに「잘 생겼어요」と言うと、「감사합니다！（カムサハムニダ！）／ありがとうございます！」と言われることが多いようです。スターであっても容姿を思いきりほめられるのはうれしいのでしょうね。ぜひ覚えて使ってみてください！

ライブ♡韓国語

カッコいいにまつわる言葉

日本でもリメイク版が人気だった韓国ドラマ「美男ですね」。「미남（ミナム）／美男」は一般にイケメンを指します。イケメンにまつわる言葉が日々生まれるのが韓国。例えばいやし系イケメンを指すのは「훈남（フンナム）」。若手男性アイドルグループにいるようなかわいらしい男性は、少女漫画の誌面から飛び出て来たようなイケメンという言葉の「만찢남（マンッチンナム）」。最近ではBTSのVやASTROのチャ・ウヌのような、彫刻のように整っている顔を持つイケメンを「얼굴천재（オルグルチョンジェ）／顔の天才」と言うようです。

덕분에 언제나 행복해요.
トゥプネ　　　オンジェナ　　　ヘンボッケヨ

おかげでいつも幸せです。

덕분에 언제나 행복해요.
おかげ　で　　いつも　　幸せ　です

大好きなアーティストや俳優さんに出会えたことで自分の人生はさらに楽しくなった。こういう気持ちはファンなら誰もが抱いていることでしょう。機会があれば自分の言葉で感謝の気持ちを伝えたいものですよね。「덕분 (トゥプン)」は「おかげ」や「おかげさま」という意味です。相手の「おかげ」と伝えたいときは、덕분에の前に名前をつければOKです。

例文 세븐틴 덕분에 제 인생이 즐거워요. (セブンティン トゥプネ チェ インセンイ チュルゴウォヨ)
セブンティーンのおかげで私の人生が楽しいです。

ここを*Check!*

日本語の「～の」にあたる所有を表す助詞を学びましょう。「BTS (ビティエス) ／BTS」+「の」+「팬 (ペン) ／ファン」の場合は「BTS의 팬 (ビティエスエ　ペン) ／BTSのファン」です。この助詞「의」は「ウィ」ではなく「エ」と発音します。助詞の「의 (エ) ／の」はよく省略されますが、「나 (ナ) ／あたし、俺」と「저 (チョ) ／私」につくときは省略できません。「나의 (ナエ) ／あたしの、ぼくの」、「저의 (チョエ) ／私の」になり、短縮して「내 (ネ)」、「제 (チェ)」とも言います。

공유 씨는 나의 빛이에요.
(コンユ　ッシヌン　ナエ　ピチエヨ)

コン・ユさんは私の光です。

공유 씨는 나의 빛이에요.
コン・ユ　さんは　私の　光　です

大好きなスターに思いを伝えるフレーズとして使えるのが「○○さんは私の△△です」というもの。△△に例えを入れればいいのです。私の全てです、なら全部という単語の「전부 (チョンブ)」を入れて「나의 전부예요 (ナエ　チョンブエヨ)」となり、私の太陽です、だったら「나의 태양이에요 (ナエ　テヤンイエヨ)」となります。王道の言葉以外にも、「나의 비타민이에요 (ナエ　ピタミニエヨ) ／私のビタミンです」や「나의 힐링이에요 (ナエ　ヒルリンイエヨ) ／私のいやしです」など、ほかの人とはひと味違う表現を準備しておくのもいいですね。

呼び方問題

ファンレターやメッセージを書くときによく聞かれるのが、スターの名前の後につける呼称。相手が1歳でも年上ならば、女性からは「오빠 (オッパ／お兄さん)」や「언니 (オンニ) ／お姉さん」、男性からなら「형 (ヒョン) ／お兄さん」や「누나 (ヌナ) ／お姉さん」をつければいいのですが、相手が年下の場合は悩むところです。まず、自分が年上であっても、呼び捨ては失礼になるのでやめましょう。そして必ず「～さん」という意味の「씨 (ッシ)」や「님 (ニム) ／様」をつけることを心がけてください。

カチ　サジン　ッチゴ　ジュセヨ

같이 사진 찍어 주세요.

一緒に写真を撮ってください。

같이 사진 찍어 주세요 .
　一緒に　　写真　　撮って　　ください

「같이（カチ）」はとてもよく使う単語。「같이 가요（カチ カヨ）」で「一緒に行きましょう」。「같이 먹어요（カチ モゴヨ）」で「一緒に食べましょう」となります。アーティストがステージで「같이!（カチ）／一緒に！」と叫ぶこともよくありますね。

例文 같이 사진 찍어 주시겠어요?（カチ サジン ッチゴ ジュシゲッソヨ）
一緒に写真を撮ってもらえますか？

ここをCheck!

何かをお願いをするときには動詞に「아 주세요（ア ジュセヨ）／어 주세요（オ ジュセヨ）／〜てください」をつけます。「찍다（ッチクタ）／撮る」は「다（タ）」を取ったところの母音が「이（イ）」＝陰母音なので「어 주세요（オ ジュセヨ）」をつけて、「찍어 주세요（ッチゴ ジュセヨ）／撮ってください」。「안다（アンッタ）／抱く」は「아（ア）」＝陽母音なので「아 주세요（ア ジュセヨ）」をつけ「안아 주세요（アナ ジュセヨ）／ハグしてください」です。

これも覚えたい！

사인해 주세요.
サイネ　ジュセヨ

サインしてください。

사인해 주세요.
サイン　して　ください

「サインしてください」にはいろいろな言い方があります。もっと短く言いたい場合は「사인 주세요（サイン　チュセヨ）」でも大丈夫。「사인 써 주세요（サイン　ッソ　ジュセヨ）」は「サインを書いてください」。もっとていねいに聞く場合は「사인해 주시겠어요？（サイネ　ジュシゲッソヨ？）／サインしていただけますか？」。사인の代わりに「악수（アクス）／握手」を入れれば、握手をしてほしいときにも使えるフレーズです。

名前を書いてもらうために

韓流スターのファンミーティングなどでよく行われるのが、抽選で選ばれた人がサインをしてもらえるという企画です。最近は自分の名前も書いてもらえるというのが主流になっているようです。書く人が困るのが日本の名前を韓国語にするときに日本語の「ざ・ず・ぜ・ぞ・つ・づ」という音が韓国語にはないため、それに近い字でしか書けないという点。一度自分の名前を韓国語の音読みで書けるか、確認しておくといいかもしれません。いざというときに「こう書いてください」と伝えることができますから。

사진 잘 나왔네요.

サジン　チャル　ナワンネヨ

写真がよく撮れてますね。

사진 잘 나왔네요.

写真　　よく　　写っていますね

「写真がよく撮れている／きれいに撮れている」は「よく出ている」という意味の「잘 나왔다（チャル ナワッタ）」と表現します。「撮れる」という意味の「찍히다（ッチキダ）」もありますが、最近は「나오다（ナオダ）／出る」をよく使います。写真集やミュージックビデオがよく撮れている、というときにも使えます。

> **例文** 사진이 잘 안 나왔어요.（サジニ チャル アン ナワッソヨ）
> 写真がうまく撮れませんでした。

　ここをCheck!

「〜ですね」という感嘆の表現には「네요（ネヨ）」をよく使います。現在形は形容詞や動詞の原形から語尾の「다（タ）」を取り「네요（ネヨ）」をつけます。過去形は「다（タ）」を取ったところの母音が陽母音なら「았네요（アンネヨ）」、陰母音な | ら「었네요（オンネヨ）」をつけます。「나오다（ナオダ）／撮る」は「나오네요（ナオネヨ）／撮れますね」。過去形は「나오（ナオ）」＋「았네요（アンネヨ）」の「나오았네요」が「나왔네요（ナワンネヨ）／撮れましたね」に短縮されます。

셀카로 찍어 주세요.
セルカロ　ッチゴ　ジュセヨ

自撮りで撮ってください。

셀카로　찍어　주세요.
自撮り　で　撮って　ください

自撮りは「셀프카메라（セルプカメラ）／セルフカメラ」の略で「셀카（セルカ）」と言います。ファンミーティングなどで抽選に当たった人がスターとツーショット写真を撮るという場面で、スター自らがファンとのツーショットを自撮りしてくれることが最近は増えています。一時は誰もが持っていた自撮り棒は「셀카봉（セルカボン）」と言います。

ライブな韓国語

最高の写真を撮るために

韓国人は自分の写真を撮るが大好きなようで、年齢を問わず、常にどの角度や表情が一番よく撮れるかを研究しています。「인증샷（インジュンシャッ）／認証ショット」という言葉は、韓流好きの方にはおなじみですよね。人に会ったりある場所へ行ったなどの事実を証明する写真のことを指します。ちなみに韓国にはインスタ映えという言葉はなく、しいて言えば「인스타 감성（インスタ カムソン）／インスタ感性」を使います。インスタ映えするカフェなら「인스타 감성 카페（インスタ カムソン カペ）」となります。

セ　トゥラマ　キデハゴ　イッソヨ
새 드라마 기대하고 있어요.

新しいドラマ、楽しみにしています。

새 드라마 기대하고 있어요 .
新しい　ドラマ　　　　楽しみにしています

韓流スターのハイタッチ会や握手会で憧れのスターの目の前に行けるチャンスがあったら、一言何か言いたい！と思うのがファン心理。ドラマや映画、コンサートを楽しみにしていると伝えたい場合、「기대하고 있어요（キデハゴ イッソヨ）」が一番ぴったりきます。楽しみという意味の「재미（チェミ）」を使う表現はないのでご注意を。

例文 내년 콘서트 기대하고 있어요.（ネニョン コンソトゥ キデハゴ イッソヨ）
来年のコンサート、楽しみにしています。

ここを *Check!*

日本語の「〜ている」に相当する表現を学びましょう。まず動詞の原型から語尾の「다（タ）」を取り「고 있어요（コ イッソヨ）」をつけます。「기대하다（キデハタ）／期待する」は「다（タ）」を取った「기대하（キデハ）」に「고 있어요（コ イッソヨ）」をつけて「기대하고 있어요（キデハゴ イッソヨ）／期待しています、楽しみにしています」になります。

영화 잘 봤어요.

ヨンファ　チャル　プァッソヨ

映画、楽しかったです。

영화 잘 봤어요.
映画　よく　見ました

ドラマや映画などを楽しんで、感想を言うときのフレーズ。「잘 봤어요（チャル プァッソヨ）」は直訳すると「よく見ました」。転じて、「楽しく見ました」という意味になります。音楽になると「잘 들었어요（チャル トゥロッソヨ）／楽しく聞きました」という表現となります。では、「잘 먹었어요（チャル モゴッソヨ）」はどんな意味でしょう。「먹었어요」は「食べました」という意味。つまり「ごちそうさま」という表現になります。

思いの深さを伝えよう！

自分の思いを伝えたいときは、その状況をもっと詳しく伝える副詞を覚えましょう。例えば、「드라마 보고 울었어요（トゥラマ ポゴ ウロッソヨ）／ドラマを見て泣きました」。「たくさん（泣いた）」だったら「많이（マニ）」、「本当に」だったら「정말（チョンマル）」や「진짜（チンッチャ）」、「すごく」なら「너무（ノム）」を「울었어요（ウロッソヨ）」の前につけましょう。言葉をプラスすると、気持ちや感想がより伝わりやすくなりますよ。

본방사수 부탁드릴게요.
ポンバンサス　プタクトゥリルッケヨ

リアルタイムで番組を見てくださいね。

<u>본방사수</u> <u>부탁드릴게요</u> .
リアルタイム視聴　　　お願いいたします

独特な言い回しが多い韓国のTV関連用語。このフレーズは俳優さんが
SNSで、自分の出演ドラマをPRするときなどによく使います。「본방사
수（ポンバンサス）」は本放送死守という意味で、SNSでリプ（リプライ）
する場合は「본방사수 할게요!（ポンバンサス ハルッケヨ!）／リアルタイ
ムで見ますね！」と書いて応援の気持ちを伝えましょう。

例文 채널고정! （チェノルッコジョン）
チャンネルはそのままで！

ここを*Check!*

「해요（ヘヨ）／します」の謙譲語「드려요
（トゥリョヨ）／差し上げます」を使い、よ
りていねいに話すときに使う表現を学び
ましょう。「부탁하다（プタカダ）／お願
いする」なら語尾の「하다（ハダ）／する」
を取って「드릴게요（トゥリルッケヨ）」を

つけた「부탁드릴게요（プタクトゥリルッケ
ヨ）／お願いいたします」となります。「연
락하다（ヨルラカダ）／連絡する」なら「연
락드릴게요（ヨルラクトゥリルッケヨ）／連
絡を差し上げます」になります。

가장 좋아하는 음악프로가 뭐예요?

<ruby>가장<rt>カジャン</rt></ruby> <ruby>좋아하는<rt>チョアハヌン</rt></ruby> <ruby>음악프로가<rt>ウマ ク プロガ</rt></ruby> <ruby>뭐예요?<rt>ムォエヨ</rt></ruby>

一番好きな音楽番組は何ですか？

가장 좋아하는 음악 프로 가 뭐예요？
最も　　好きな　　音楽　番組　は　　何ですか

韓国では番組のことを英語のprogramを略して「프로（プロ）」と言います。音楽番組は「음악프로（ウマ ク プロ）」。バラエティ番組は芸能のプログラムという意味で「예능프로（イェヌンプロ）」。そのまま訳すと芸能プロとなるので芸能事務所のことと思うかもしれませんが、バラエティ番組を指します。もっと略して「예능（イェヌン）」と言うこともあるので覚えておくといいでしょう。お気に入りのアイドルが「최근에 예능 했어요（チェグネ イェヌン ヘッソヨ）」と言ったら、「最近バラエティ番組に出ました」という意味です。

ライブ☆韓国語

韓国人をいやすリアルバラエティ

韓国で人気のバラエティ番組のジャンルと言えば「리얼예능（リオルイェヌン）／リアルバラエティ」ではないでしょうか。有名人がジャングルや田舎で生活したり、知られざる私生活を紹介したりと、韓国ではとても人気のジャンルです。리얼예능の立役者といえば放送局tvNのナPD（プロデューサー）ことナ・ヨンソクさん。"三食ごはん"シリーズや"花よりお爺さん"シリーズなどで日本でもおなじみです。彼の手がける番組を見て、韓国の人たちは、日々の小さな幸せをかみしめるのだとか。

당일권 아직 있어요?

タンイルックォン　アジク　イッソヨ

当日券はまだありますか？

당일권 아직 있어요 ?

当日券　　　まだ　　ありますか

私は旅行中に時間ができると、ネットで事前に購入していなくても当日券でミュージカルを見たりします。窓口で「있어요（イッソヨ）／（当日券が）あります」と言われたら「한 장（ハン ジャン）、두 장（トゥ ジャン）／1枚、2枚」と、固有数詞の後に「枚」という単位の「장（チャン）」をつけて枚数を言いましょう。

例文 S석 두 장 주세요.（エスソク トゥ ジャン チュセヨ）
S席2枚ください。

ここを *Check!*

「아직（アジク）／まだ」は日本語と使い方が同じです。「아직 있어요（アジク イッソヨ）／まだあります」「아직 해요（アジク ヘヨ）／まだしています」。「ない」という形容詞の否定文なら、「아직 없어요（アジクオプソヨ／まだありません）」。動詞の否定文は、動詞を過去形にします。例えば「해요（ヘヨ）／します、しています」は「ㅆ어요（ッソヨ）」をつけて「했어요（ヘッソヨ）／しました」と過去形にして、「아직 안 했어요（アジクアネッソヨ）／まだしていません」です。

これも覚えたい！

어느 좌석이 잘 보여요?
オヌ　チョァソギ　チャル　ポヨヨ

どの席がよく見えますか？

어느　좌석이　잘　보여요？
どの　　座席　が　よく　見えますか

せっかく見るんだったら、よく見える席がいい。誰もがそう思いますよね。初めて行く劇場などは座席がどうなっているかわからないので、チケットを買うときに迷ったら、どこがよく見える席なのかストレートに聞いてみるとよいでしょう。座席ではなくどの列がよく見えるかを聞きたいときは「좌석이（チョァソギ）」を「줄이（チュリ）／列が」に代えて「어느 줄이（オヌ チュリ）／どの列」と言いましょう。

あきらめないで～

韓国ではチケットを取ることを「티켓팅（ティケッティン）」と言います。人気のチケットはすぐ「매진（メジン）／売り切れ」になりがちですがそこであきらめないで。というのも、数日するとキャンセルになったチケットが出回ることが多いのです。上級者になるとキャンセルになったチケットを毎日チェックし、少しずついい席に交換していくという強者も。キャンセル席は「취소표（チュィソピョ）」と言い、「キャンセルできますか？」は「취소할 수 있어요？（チュィソハルッス イッソヨ？）」と言います。

이 좌석은 어디예요?

イ　チュァソグン　オディエヨ

この席はどこですか？

이 좌석은 어디예요 ？

この　　座席　　は　　　どこですか

コンサート会場などで席がわからないときは係の人にこう聞いてみて。「좌석（チュァソク）」は漢字の「座席」からきた言葉。座席と同じ意味を持つ「자리（チャリ）」という言い方もあります。자리は席のほかにも場所や立場など幅広く使われる言葉。コンサートや飛行機の座席は좌석、食堂や公園などの席は자리と覚えましょう。

例文 여기는 제 자리예요.（ヨギヌン チェ チャリエヨ）
ここは私の席です。

ここをCheck!

場所を示すときに使う表現を学びましょう。「이（イ）／この」「그（ク）／その」「저（チョ）／あの」の後に、例えば「자리（チャリ）／席」をつけると「이 자리（イ チャリ）／この席」「그 자리（ク チャリ）／その席」「저 자리（チョ チャリ）／あの席」になり

ます。今いる場所を指すときは「이곳（イゴッ）／ここ」「그곳（クゴッ）／そこ」「저곳（チョゴッ）／あそこ」と言います。会話では「여기（ヨギ）／ここ」「거기（チョギ）／そこ」「저기（チョギ）／あそこ」もよく使います。

아레나 구역은 어디예요?
<small>アレナ　　クヨグン　　オディエヨ</small>

アリーナエリアはどこですか？

아레나 구역은 어디예요?
<small>アリーナ　　区域　は　どこですか</small>

アリーナは「아레나（アレナ）」と発音します。たまにK-popアーティストがステージで「アレナ」と言うのを聞いて、言い間違いをしていると勘違いする人も多いようですが、韓国語では発音が違うのです。ちなみにエリアは漢字の「区域」からきた言葉で「구역（クヨク）」と言います。S席エリアは「S구역（エスクヨク）」、A席エリアは「A구역（エイクヨク）」、スタンディングエリアは「스탠딩구역（ステンディンクヨク）」となります。

ライブな韓国語

ペンライトは何と言う？

コンサートに欠かせないグッズと言えばペンライト。英語で書くとpenlightですから、そのまま言えば韓国でも通じると思いがちですが、英語のペンライトはペンタイプの懐中電灯を指すことが多く、コンサートで使うものとは違います。韓国でペンライトは「응원봉（ウンウォンボン）／応援棒」、もしくは「야광봉（ヤグァンボン）／夜光棒」と言うのが一般的です。同じくコンサートに欠かせないうちわやバナーなどをまとめて、韓国では「응원피켓（ウンウォン　ピケッ）／応援ピケット」と言います。「피켓」は英語のpicketで、最近はLEDを使ったものが人気とか。

밀지 마세요!
（ミルジ　マセヨ）

押さないでください！

밀지 마 세요 !
押さないで　　ください

コンサート会場のスタンディング席では、人に押されることもしばしば。危ないときにはこのフレーズを使いましょう。「押さないで！」と強めに言いたいときは「세요（セヨ）」を取って「밀지 마！（ミルジ　マ！）」と言えばOK。「-지 마세요（チ　マセヨ）／〜しないでください」は「먹지 마세요（モッチ　マセヨ）／食べないでください」のように幅広く使えます。

例文 뛰지 마세요.（ットゥイジ　マセヨ）
走らないでください。

ここを Check!

「〜しないでください」を意味する、相手にその行動をとらないようお願いする表現を学びましょう。動詞の原形の語尾「다（タ）」を取ったところに「지 마세요（チ　マセヨ）」をつけます。「밀다（ミルダ）／押す」なら、語尾の「다（タ）」を取った「밀（ミル）」に「지 마세요（チ　マセヨ）」をつけ、「밀지 마세요（ミルジ　マセヨ）／押さないでください」になります。「찍다（ッチクタ）／撮る」なら、「찍지 마세요（ッチクチ　マセヨ）／撮らないでください」になります。

これも覚えたい！

가지 마!

カジ　マ

行かないで！

가지 마!
行かないで

コンサートやイベントが終わりに近づくと、韓国女子がよく叫ぶフレーズがこれ。ほかには、「싫어~！(シロ~！) ／嫌だ～！」なんて言葉もよく聞きますね。「～지마！(～チマ！)」というのは「～するな」という意味の「하지 마라 (ハジ　マラ)」が略された言葉。「먹다 (モッタ) ／食べる」をつけると「먹지 마 (モッチ　マ) ／食べないで」、「보다 (ポダ) ／見る」をつければ「보지 마 (ポジ　マ) ／見ないで」となります。

ライブな韓国語

頼むときは控えめに、だけどはっきりと！

コンサートで前の人がずっと立っていてよく見えないときは「좀 앉아 주실래요？(チョム アンジャ ジュシルレヨ?) ／ちょっと座ってもらえますか?」と言ってみましょう。「ちょっと」という意味の「좀 (チョム)」をつけるとやわらかい表現になります。頼んでも聞いてくれないときは、ストレートに「앉아요！(アンジャヨ!) ／座って！」。「주실래요？(チュシルレヨ?) ／もらえますか?」はお願いするときに使えるフレーズ。サインに自分の名前を入れてもらいたいときは「제 이름도 써 주실래요？(チェ イルムド ッソ ジュシルレヨ?) ／私の名前も書いてもらえますか?」です。

몇 살이에요?
<small>ミョッ　　サリエヨ</small>

何歳ですか？

몇 살이에요 ？
何　　　　歳ですか

初めて会った人に聞かれる定番フレーズ。韓国の人はすぐに年齢を聞いてきます。これには理由があり、韓国は儒教の国で年長者を敬うという考えが根付いているので、相手に失礼のないように対応のしかたを決めるためなのです。「몇（ミョッ）」は数を聞くときに使う疑問詞。「며칠（ミョチル）／何日」「몇 개（ミョッ ケ）／何個」のように使います。

例文 일본에는 몇 번 오셨어요? (イルボネヌン ミョッ ポン オショッソヨ)
日本には何回いらっしゃいましたか？

ここを*Check !*

数字や数量をたずねるときに使う疑問詞は「몇（ミョッ）」です。単位を表す名詞の前につきます。「살（サル）／歳」「개（ケ）／個」「번（ボン）／番」「호（ホ）／号室」「층（チュン）／階」）の前につくと「몇 살（ミョッ サル）／何歳」「몇 개（ミョッ ケ）／何個」「몇 번（ミョッ ポン）／何番」「몇 호（ミョ ト）／何号室」「몇 층（ミョッ チュン）／何階」になります。「何日」は「며칠（ミョチル）」という特別な表現を使い、値段をたずねるときは「얼마（オルマ）」（102ページ参照）を使います。

몇 년생이에요?

ミョン　ニョンセンイエヨ

何年生まれですか？

몇 년생이에요？
何　　　年生まれですか

韓国では、歳を聞くときは、年齢そのものよりも生まれ年を聞いたほうがわかりやすいです。生まれたときを1歳とし、1月1日が来ると一つ年を取る、という年齢の数え方なので、生まれ年を聞いたほうが間違いないからです。ちなみに答えるときは西暦の下二けたで言うことが多いです。韓国の大ベストセラー小説『82年生まれ、キム・ジヨン』の原題は『82년생 김지영 (パルシビニョンセン キムジヨン)』でした。また、生まれ年が同じ人同士をひとまとめにして○○ (生まれ年の下二けた) lineと言い、芸能界にも仲良し○○lineがたくさんあります。

ライブな韓国語

歳を知ると言葉が変わる

韓国の人と、年上なのか年下なのか気にしながら進んでいく会話。同い年だとわかると急にぐっと距離が縮まったりします。韓国では「동갑 (トンガプ) ／同い年」や「연하 (ヨナ) ／年下」だとわかると、尊敬語は使わずに楽に話しましょう、つまりタメ口で話そうよ、という意味の「말 놓아요 (マルノアヨ)」や「반말해요 (パンマレヨ)」と言ってきます。ただし、初対面でのタメ口は御法度。失礼がないように、最初はなるべくていねい語の「요 (ヨ)」をつけて話すことをおすすめします。

우리 친구해요.
ウリ　　チングヘヨ

私たち、友達になりましょう。

우리 친구 해요.
私たち　友達　しましょう

友達・親友という意味の「친구（チング）」。2001年のヒット映画『友へ チング』のタイトルとして、最も知られている韓国語の一つです。ただし、例えば「아는 친구（アヌン チング）／知っている子」のように、同輩を親しみを込めて呼ぶときや、あまり知らない、好きではない人の場合にも使い、必ずしも「友達」とは限らないのでご注意を。

例文 친구가 되고 싶어요.（チングガ トゥェゴ シッポヨ）
友達になりたいです。

 ここを *Check!*

所属するグループや組織について話すとき、韓国人は「저（チョ）／私」より「우리（ウリ）／私たち」を多く使います。日本語の「うち」に相当します。好きな芸能人について話すときも「우리 ○○ 씨（ウリ ○○ ッシ）／（私たちの）○○さん」とよく言います。「우리 가족（ウリ カジョク）／うちの家族」「우리 집（ウリ チプ）／うちの家」「우리나라（ウリナラ）／うちの国」もよく言います。よりていねいに話すときは「우리（ウリ）」の謙譲語「저희（チョヒ）／私ども」を使います。

우리 자주 연락해요.
(ウリ　チャジュ　ヨルラケヨ)

私たち、しょっちゅう連絡取り合いましょうね。

우리 자주 연락 해요.
私たち　まめに　連絡　しましょう

韓国人の友人ができたら楽しいですよね。お互いの国の最新情報を交換したり、同じ韓流スターのファン同士なら現地の情報を教えてもらったりなど、さまざまな交流ができるうえ、韓国語の上達にもとても役立ちます。「私たち、もっと会いましょうね」と言うときは最後の言葉を変えて「우리 자주 만나요（ウリ　チャジュ　マンナヨ）」と言いましょう。別れ際には「또 만나요（ット　マンナヨ）／また会いましょう」の一言があれば完璧です。

ライブ♡韓国語

親しくなるにはSNSを活用

友達を作る方法の一つは、SNSでつながること。「アカウント」は韓国では「勘定」を意味する言葉の「계정（ケジョン）」で表します。もともと英語のaccountが勘定という意味なので、その直訳です。アカウントという言葉はほとんど使われません。アカウントを教えて、と言うときは「계정 가르쳐 주세요（ケジョン　カルチョ　ジュセヨ）」。韓国で使用している人が断然多いのが、LINEよりもカカオトーク、略して「카톡（カトゥ）」。카톡を使っているか知りたいときは「카톡 해요？（カトゥ　ヘヨ？）」と聞けばOKです。

ファン活動、テレビに関する単語

韓国に旅する目的の1つはお目当てのスターのファン活動という方も多いのでは？　ファン活動に
まつわる言葉もしっかり覚えておきましょう。テレビにまつわる言葉も知っておくと、好きなスター
が出ている番組への理解が深まります。

ファン活動の単語

オタク、ファン	トック **덕후**
「ファンクラブ」	ペンクルロプ **팬클럽**
ファンカフェ	ペン　カペ **팬 카페**
ファン活	ペンジル **팬질**
ファンダム （ファンの集団）	ペンドム **팬덤**
ファンページ	ペンペ **팬페** 팬 페이지 （ペン ペイジ）の略語
ファンカフェの マスター	ホムマ **홈마** 홈마스터 （ホムマストゥ）の略語
プレゼント	ソンムル **선물**
カムバック	コムベク **컴백**
入口	イブク **입구**
出口	チュルグ **출구**
入場の列	イブチャンジュル **입장줄**
予約	イェヤク **예약**
引換券	キョファンックォン **교환권**
キャンセル	チュィソ **취소**

テレビの単語

グルメ番組	モクパン **먹방** 食べものに関する シーンも指す
お笑い番組	ケグ　プロ **개그 프로**
クイズ番組	クィジュ　ショ **퀴즈 쇼**
ドラマ	トゥラマ **드라마**
ロマンティック コメディ	ロコ **로코**
史劇	サグク **사극**
時代劇	シデグク **시대극**
アクション	エクション **액션**
ホラー	コンポ **공포**
どんでん返し	パンジョン **반전**
ネタバレ	スポ **스포** 英語のspoiler 스포일러（スポイルロ） の略語
週末ドラマ	チュマル　トゥラマ **주말 드라마**
再放送	チェバンソン **재방송**
オーディション	オディション **오디션**
スカウト	スカウッ **스카웃**

生きた言葉はテレビから

　ふだんから韓国のドラマやバラエティ番組をよく見ています。もともと好きというのもありますが、韓流イベントの司会を担当する際、そのスターの出演作をできる限りチェックするというのも重要な仕事なので、職業柄ということもあります。

　韓国ではドラマやバラエティ番組などのタイトルは略して言うのが普通です。略語は韓国語で「短くした言葉」という意味の「줄임말（チュリムマル）」と呼び、韓国ではこの줄임말がとにかく多い。会話だけでなく、雑誌の記事などでも略語になっているので、知らないと「なんのこっちゃ？」ということになります。日本のドラマで例えるならば2019年のヒットドラマ「あなたの番です」を「あな番」というような感じです。それがほとんどすべてのドラマやバラエティ番組にあるので、覚えておかないと会話について行けないこともしばしばです。

　略すのは元がだいたい2語以上のもの。日本でも人気だった韓国ドラマを例に挙げると「太陽を抱いた月＝해를 품은 달（ヘルル　プムン　タル）」は「해품달（ヘプムタル）」、「あなたが寝てる間に＝당신이 잠든 사이에（タンシニ　チャムドゥン　サイエ）」は「당잠사（タンジャムサ）」、「青い海の伝説＝푸른 바다의 전설（プルン　パダエ　チョンソル）は「푸바전（プバジョン）」という略語に。人気のバラエティ番組なら「君の声が見える＝너의 목소리가 보여（ノエ　モッソリガ　ポヨ）」は「너목보（ノモッポ）」、「シングル男のハッピーライフ＝나 혼자 산다（ナ　ホンジャ　サンダ）」は「나혼산（ナホンサン）」となります。

　原題と略語を見比べるとわかりますが、略し方は各単語の最初の音をつなげるパターンがほとんど。わからないタイトルが出てきたら、NAVER（韓国のポータルサイト）の検索窓に入れて調べてみましょう。すると略語タイトルなのにも関わらず、番組名と放送情報が表示されます。それくらい、略語タイトルは一般的に浸透しているということなのです。

얼마예요?
オルマエヨ

いくらですか？

얼마예요？
いくらですか

「いくらですか？」は、丸暗記しておきたいフレーズ。韓国語の金額の読み方はすべて漢数詞を使用します（30ページ参照）。すべて漢字に直して読み、例えば23,000원（2万3千ウォン）は、「이만삼천 원／イマンサムチョン ウォン」となります。

例文 이거 얼마예요? (イゴ オルマエヨ)
これ いくらですか？

ここを*Check!*

値段を尋ねるフレーズ「이거 얼마나 해요？（イゴ オルマナ ヘヨ?）／これいくらぐらいしますか？」もよく使います。「이거（イゴ）／これ」の代わりに「모두（モドゥ）／全部で」を使うと「모두 얼마예요？（モドゥ オルマエヨ?）／全部でいくらですか？」です。「두 개에（トゥ ゲエ）／2つで」、「사다（サダ／買う）」＋「-면（ミョン）／〜たら、〜れば」の「사면（サミョン）／買ったら」を使い「두 개 사면（トゥ ゲ サミョン）／2つ買ったら」という言い方もできます。

102

계산해 주세요.

（ケサネ　ジュセヨ）

計算してください。

계산해 주세요.
計算　して　ください

「いくらですか?」以外に、「お会計してください」という意味の「계산해 주세요（ケサネ　ジュセヨ）」も覚えておくとよいでしょう。「계산（ケサン）／計算」は日本語と同じ発音なのでスムーズに言えるはず。丸暗記するフレーズは覚えやすい言い方を選ぶのがポイント!　ただし、金額を韓国語で聞き取るのはちょっと難しいかも……。わからないときはクレジットカードで支払うのがおすすめですが、市場などは現金のみというお店も多いので、やはり金額の言い方は覚えておきたいものです。

韓国はカード社会

韓国はクレジットカード大国です。現金を全く使わず、カードだけで旅行をすませることも可能なほど。1本のミネラルウォーターを買うときですらカードを使うのが一般的なのですから。ちなみにクレジットカードは「신용카드（シニョンカドゥ）」と言い、日本語に直訳すると信用カードとなります。お会計をするときは「카드로 계산해 주세요（カドゥロ ケサネ ジュセヨ）カードでお願いします」、もしくはもっと短く「카드로요（カドゥロヨ）／カードで」でも大丈夫です。

103

이거 좀 비싸네요.
（イゴ　チョム　ピッサネヨ）

これはちょっと高いですね。

이거 좀 비싸네요.
これ　ちょっと　高いですね

韓国旅行の楽しみは、コスメや韓国食材のショッピング。韓国語で値段は価格という意味の「가격（カギョク）」や「값（カプ）」を使います。値段が高いという表現は「가격이 비싸다（カギョギ ピッサダ）」。一方、安いは비싸다から「비（ピ）」を取って「싸다（ッサダ）」となります。簡単なので一緒に覚えてしまいましょう。

例文 이 가방 진짜 싸네요.（イ カバン チンッチャ ッサネヨ）
このバッグ、本当に安いですね。

ここを *Check!*

物を指さしながら話すときの表現を学びましょう。話し手の近くにあるものは「이거（イゴ）／これ」、聞き手の近くにあるものは「그거（クゴ）／それ」、互いに遠いところにあるものは「저거（チョゴ）／あれ」と言います。品物を指差して「이거 얼마예요?（イゴ オルマエヨ?）／これいくらですか?」「저거는요?（チョゴヌンニョ?）／あれは?」と質問してみましょう。場所を表すには「여기（ヨギ）／ここ」「거기（コギ）／そこ」「저기（チョギ）／あそこ」を使います。

저 가방도 반값이에요?
（チョ　カバンド　パンッカブシエヨ）

あのバッグも半額ですか？

저 가방 도 반값 이에요？
あの　かばん　も　半額　ですか

半額は値段という言葉「값（カプ）」に半分という意味の「반（パン）」をつけ「반값（パンッカプ）」となります。割引は「할인（ハリン）」と言い、30％割引だったら「삼십 프로 할인（サムシプ プロ ハリン）」となります。％は本来「퍼센트（ポセントゥ）」なのですが、韓国でショッピングをするときは圧倒的に「프로（プロ）」のほうを使う人が多いです。プロという言葉の由来はオランダからやってきたとか、日本で使われていたものが入ってきたとか諸説あるようですが、プロを使っておけば間違いありません。

ライブな韓国語

「まけてください！」をスマートに

韓流ブームの影響で韓国旅行が人気になり始めた頃、「깎아 주세요.（カッカ ジュセヨ）／まけてください」は必ず覚えるフレーズの一つでした。普通のお店ではさすがにもう言わないと思いますが、市場や東大門のファッション街などでは今でも有効なフレーズです。一つしか買わないときより、○個買うからまけて、と言うときのほうが効果ありです。ただしこの言葉、かなり単刀直入な言い方なので、少し長くなりますが「좀 깎아 주시면 안 돼요?（チョム カッカ ジュシミョン アン ドゥェヨ？）／少しまけてもらえませんか？」と言うほうがスマートですよ。

입어 봐도 돼요?
イボ プァド トゥェヨ

着てみてもいいですか？／試着してもいいですか？

입어 봐도 돼요 ?
着て　　みても　いいですか

試着は韓国語で「시착（シチャク）」という言葉になりますが、普段の会話ではあまり使われません。代わりによく使うフレーズがこれです。もっと簡単に言いたいときは「입어도 돼요?（イボド トゥェヨ?）／着てもいいですか?」でも大丈夫です。

例文 이 옷 입어 봐도 돼요? (イ オッ イボ プァド トゥェヨ)
この服を着てみてもいいですか？

ここをCheck!

「〜てもいいですか?」と許可を求める表現を学びましょう。動詞の原形から語尾の「다（タ）」を取ったところの母音が陽母音なら「아도 돼요（アド トゥェヨ）」をつけます。「보다（ポダ）／見る」なら「보（ポ）」に「아도 돼요（アド トゥェヨ）」をつけ「보아도 돼요?（プァド トゥェヨ?）

／見てもいいですか?」です。実際は、短縮した表現の「봐도 돼요?（プァド トゥェヨ?）」をよく使います。取ったところの母音が陰母音なら「어도 돼요（オド トゥェヨ）」をつけます。「食べてもいいですか?」は「먹어도 돼요?（モゴド トゥェヨ?）」となります。

이 구두 신어 봐도 돼요?

(イ クドゥ シノ プァド トゥエヨ)

この靴を履いてみてもいいですか？

이 구두 신어 봐도 돼요?
この 靴 履いて みても いいですか

「○○を着る」は「○○을/를 입다 (○○ウル/ルル イプタ)」と言います。日本ではパンツやスカートも「履く」と言いますが、韓国ではすべて「입다 (イプタ)」を使い、「履く」を使うのは靴のみ。「靴を履く」は「구두를 신다 (クドゥルル シンタ)」と言います。「この靴を履いてみてもいいですか？」と言うときは「이 구두 신어 봐도 돼요? (イ クドゥ シノ プァド トゥエヨ?)」、あるいは「이 구두 신어도 돼요? (イ クドゥ シノド トゥエヨ?) /この靴、履いていいですか？」となります。ちなみに靴のサイズはmm単位で言うので、24cmだったら240mmで「이백사십 (イベクサシプ)」。最後の単位 (mm) はつけなくても伝わります。

ライブ☺韓国語

賢くショッピングをする方法

韓国でショッピングをするならセール時期を狙うのが一番。日本と比べるとセール時期が長く、運がよければ掘り出しものに出合えます。特に免税店のセールは外せません。洋服やファッション小物は日本未発売の色やアイテムが豊富です。海外ブランドの化粧品もセールになることがあり、高級クリームなどがびっくりするくらいお安く買えることも。免税店のショッピングカードを作ったり、対象のクレジットカードを使うと、さらに割引されることもあるので、結果、信じられないくらい安く手に入れることができるのです。

이 셔츠 있어요?

<small>イ　ショチュ　イッソヨ</small>

このシャツはありますか？

이 셔츠 있어요？
<small>この　シャツ　ありますか</small>

韓国旅行に行くときは、事前にリサーチして確実に欲しいものをゲットしたいですよね。買いたいものがお店にあるかどうか聞くときは、その商品の名前の後に「있어요？（イッソヨ？）」とつければOK。商品名を言えないときはその写真などを見せて「이거 있어요？（イゴ イッソヨ？）／これはありますか？」と聞きましょう。

例文 다른 색깔은 없어요？（タルン セッカルン オプソヨ）
違う色はありますか？

 ここを *Check!*

質問をするときに便利な表現「어떻게（オットケ）／どう」について学びましょう。服をどう着こなしたらいいか迷うとき、「어떻게 입어요？（オットケ イボヨ？）／どう着ますか？」と聞いてみましょう。ほかにも行き方を尋ねる「어떻게 가요？（オットケ カヨ？）／どう行きますか？」、やり方を尋ねる「어떻게 해요？（オットケ ヘヨ？）／どうやりますか？」、食べ方を尋ねる「어떻게 먹어요？（オットケ モゴヨ？）／どう食べますか？」なども、使ってみましょう。

사이즈가 어떻게 돼요?
サイジュガ　　オットケ　トゥエヨ

何サイズですか？

사이즈 가 어떻게 돼요？
サイズ　　は　　どのように　なりますか

気に入った洋服があったら、サイズの確認にこのフレーズを使いましょう。もっと小さいサイズが欲しければ「더 작은 거 있어요？（ト チャグン ゴ イッソヨ？）／もっと小さいのはありますか？」と聞けばOK。「더 큰 거 있어요？（ト クン ゴ イッソヨ？）／もっと大きいのはありますか？」も覚えれば完璧です。

ライブな韓国語

これしかないの？

欲しい色がなかったりサイズが合わなかったり……。欲しかったものが必ずお店にあるとは限りませんよね。そんなときは「이거밖에 없어요？（イゴバッケ オプソヨ？）／これしかありませんか？」というフレーズを使うといいでしょう。「밖에（パッケ）」は「〜しか」という意味なので「これしか」は「이거밖에（イゴバッケ）」となります。ちなみに売り切れは「품절（プムジョル）」と言います。「품절이에요（プムジョリエヨ）／売り切れです」とお店の人に言われたら、残念ですがあきらめましょう。

화장을 잘 먹어요.
ファジャンウル　チャル　モゴヨ

お化粧ののりがいいです。

화장을 잘 먹어요 .
化粧　を　よく　食べます

「먹어요 (モゴヨ)」は基本的に「食べる」という意味ですが、化粧ののり
がいい・悪いという表現でも使います。肌が化粧品を食べる＝吸収がい
いというイメージでしょうか。ファンデーションのほか、化粧水や乳液の
伸びがいい・悪いというときにも使います。のりが悪いときは否定の「안
(アン)」をつけて「안 먹어요 (アン モゴヨ)」となります。

例文 이 스킨 잘 먹어요. (イ スキン チャル モゴヨ)
この化粧水はよくなじみます。

ここを*Check!*

メイクに関して「먹다 (モクタ) ／食べる」
を使ったユニークな慣用表現が登場しま
した。ほかにも「더위 먹었어요 (トゥウィ
モゴッソヨ) ／夏バテしました (直訳は、
暑さを食べました)」「마음을 먹었어요 (マ
ウムル モゴッソヨ) ／決心しました (直訳

は、心を食べました)」「미역국을 먹었어
요 (ミヨックグル モゴッソヨ) ／ (試験など
に) 落ちました (直訳は、わかめスープを
飲みました)」などの表現もあります。「わ
かめですべる」と「試験にすべる」をかけ
ています。

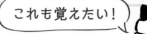

아이라인 잘 그리는 꿀팁이 뭐예요?

<small>アイライン　チャル　クリヌン　ックルティピ　ムォエヨ</small>

アイラインをうまく描くポイントは何ですか？

아이라인 잘 그리는 꿀팁이 뭐예요？

<small>アイライン　よく　描く　いい方法　は　何ですか</small>

「いいアイディア」を表現する「꿀팁（ックルティプ）」という言葉があります。とっておきの方法とかヒントという意味で、最近、美容系のTV番組などでもよく聞く言葉です。「꿀（ックル）」というのは本来、はちみつという意味なのですが、韓国では「いい」という意味でもよく使われます。例えば、「꿀맛（ックルマッ）」というのは「味」という言葉の「맛（マッ）」と組み合わせた表現で、とてもおいしいことを表します。はちみつ味ではないので気をつけましょう。また「꿀잼（ックルジェム）／すごくおもしろい」は「꿀」と「재미（チェミ）／楽しさ」の略語を合わせた言葉です。

ライブ♨韓国語

必ず買ってきたい韓国コスメ

日本でも大人気の韓国のシートマスク。韓国に行くと大量買いするアイテムの一つです。日本と同じ「시트마스크（シトゥマスク）」以外にも「마스크팩（マスクペク）／マスクパック」、「페이스팩（ペイスペク）／フェイスパック」などいくつかの呼び方があります。ドラッグストアに行くと何種類ものシートマスクがあり、しかも最新の素材を使っていたり、美容液つきなどもあって本当に悩みます。私は1つ買ったらもう1つがおまけでついてくる「1＋1」の商品などもチェックして、いつも賢くシートマスクを購入します。

피부관리 받고 싶어요.
<small>ピブクァルリ　　パッコ　　シポヨ</small>

お肌のケアを受けたいです。

<u>피부관리</u>　<u>받고　싶어요</u> .
<small>皮膚管理　　　　受けたいです</small>

韓国人女性は肌が本当にきれいな人が多いですよね。韓国人の友人に
どんなケアをしているのかを聞くと、一番多いのは肌のトラブルが起き
たらすぐに皮膚科に行くこと、のようです。ほっぺたに1個ニキビがで
きただけで即、皮膚科へ。長引かせずに一気に治す、というのがきれい
な肌のためには重要なようです。

例文 바빠서 피부관리를 잘 못해요. (パッパソ　ピブクァルリルル　チャル　モテヨ)
忙しくて肌のケアが十分にできません。

ここを *Check!*

「〜したい」と希望や欲求を表す表現を学
びましょう。動詞の原形から語尾の「다
(タ)」を取り、「고 싶어요 (コ シポヨ) /
したい」をつけます。「받다 (パッタ) /も
らう、受ける」なら、「받고 싶어요 (パッ
コ シポヨ) /もらいたいです」になります。

これは自分の希望を言うときに使い、誰
かの希望であれば「고 싶어 해요 (コ シ
ポ ヘヨ) /〜たがる」を使い、「동생이
받고 싶어 해요 (トンセンイ パッコ シポ
ヘヨ) /妹がもらいたがっています」のよ
うになります。

몸관리 잘 하세요.
モムクァルリ　チャ　ラセヨ

体を大事にしてください。

몸관리 잘 하세요.
体　管理　よく　してください

韓国では肌のケアに関して「관리（クァルリ）／管理」という言葉をよく使います。皮膚だけではなく体のケアだったら「몸관리（モムクァルリ）」、シチュエーションにあった適切な表情をすることを「표정관리（ピョジョンクァルリ）／表情管理」と言います。イケメンアイドルが、バラエティ番組でちょっと笑える表情をしたときなどに、ほかの出演者から「표정관리 해!（ピョジョンクァルリ　ヘ！）」と突っ込まれる場面を見かけます。「해（ヘ）」は「해요（ヘヨ）／してください」のフランクな表現で、この場合は命令形になっており、「表情管理しろ！」という意味になります。

ライブな韓国語

1日1シートマスク

ファンミーティングなどでよくある韓流スターへの質問コーナー。たまに選ばれる質問が「肌のお手入れ方法は？」というもの。その質問の答えで一番多いのが「毎日シートマスクをしています」なのです。私がファンミの司会をするのは女性よりも男性のほうが圧倒的に多いのですが……。某男性アーティストも黒いシートマスクを顔に貼っている写真を公開していました。男性でも肌がきれいなわけですね。皆さんも目指せ、1日1シートマスク！

맛볼 수 있어요?
（マッポル　ッス　イッソヨ）

味見できますか？

맛볼 수 있어요 ?
味見する　　手段　　ありますか

韓国で私が必ずチェックするのがデパ地下。特に食品がコンパクトに陳列されているロッテデパートがお気に入りです。ラーメン、スープ、のり、唐辛子粉などを購入しますが、毎回立ち止まってしまうのが総菜コーナー。おいしそうと思ったら試食したい総菜を指差しながらこのフレーズを使ってみて。試食させてくれます。

例文 이거 시식 가능해요?（イゴ シシッ カヌンヘヨ）
これ、試食できますか？

ここを*Check!*

「〜できます」という可能の表現を学びましょう。動詞の原形から語尾の「다（タ）」を取ったところにパッチムがない場合、「ㄹ 수 있어요（ルッス イッソヨ）」をつけます。「보다（ポダ）／見る」なら「보（ポ）」にパッチム「ㄹ（ル）」をつけ「볼 수 있어요（ポルッス イッソヨ）／見られます」。パッチムがある場合は「을 수 있어요（ウルッス イッソヨ）／できます」をつけます。「먹다（モクタ）／食べる」なら「먹을 수 있어요（モグルッス イッソヨ）／食べられます」です。

냄새 안 새도록 꽉 포장해 주세요.

ネムセ　アン　セドロク　ックァク　ポジャンヘ　ジュセヨ

匂いがもれないように ギュッと 包んでください。

냄새 안 새도록 꽉 포장해 주세요.

匂い　〜ない漏れる〜するようにギュッと　包んで　　ください

韓国の食品の中で特に買いたくなるものの一つがキムチ。日本では見かけないさまざまな種類のキムチを見ると、日本に持ち帰りたくなりますよね。その際、気になるのがキムチ独特の匂い。試食をさせてもらって気に入ったものがあったら、このフレーズを使って包装してもらいましょう。ちょっと長いので「匂いがもれないように」という意味の「냄새 안 새도록（ネムセ アン セドロク）」を省略しても大丈夫。十分に伝わるはずです。

私の最愛キムチ

最近、私がハマっているのが、ソルロンタン専門店として有名な神仙ソルロンタン（신선설농탕＜シンソンソルロンタン＞）のキムチ。ここのキムチが本当においしくて、滞在中に必ず一度はここで食事をします。しかもここのキムチはお持ち帰りができるのです！　完全にパウチされているので、トランクの中で中身のにおいがもれる心配もなし。日持ちしますし、多少すっぱくなってもおいしくいただけます。ただし事前に注文しないと準備していない店舗もあるようです。人気の明洞店には常時あるようなので行かれたときには、ぜひ！

그냥 보는 거예요.
クニャン　ポヌン　ゴエヨ

ただ見ているだけです。

그냥　보는　거예요.
ただ　　見る　　こと　です

旅先でお店巡りをするのは楽しいのですが、買う予定がないときに店員さんが近づいてくると、ちょっと困ってしまいますよね。そんなときは逃げたりせずに、笑顔でこのフレーズを言ってみましょう。何も買わずに店を出るときは「また来ますね〜」（117ページ参照）と言えば大丈夫。店員さんもいやな顔はしないはずです。

例文 그냥 보고 있어요.（クニャン ポゴ イッソヨ）
ただ 見ているんです。

 ここをCheck!

「見る＋こと」など、動詞の現在連体形と言われる形を学びましょう。まず、動詞の原形の語尾から「다（タ）」を取り、「는（ヌン）」をつけます。「보다（ポダ）／見る」＋「것（コッ）／こと」なら「보다（ポダ）」の「다（ダ）」を取った「보（ポ）」に「는（ヌン）」をつけて「보는 것（ポヌン ゴッ）／見ること」になります。「받다（パッタ）／受け取る」＋「곳（コッ）／ところ」なら「받는 곳（パンヌン ゴッ）／受け取り場所」になります。

다시 올게요.
タシ オルッケヨ

また 来ますね。

다시 올게요.
また　　来ます

買ったときも買わなかったときにも、お店を出るときにさらっとこのフレーズを言ってみましょう。ショッピング以外でも、カフェや料理店を出るときに、私は笑顔でこの一言を言うようにしています。そうすると、お店の方も笑顔で応えてくれるんです。対応がよければ、またこのお店に来ようと思いますし、それを伝えたいもの。旅行中は、そんなちょっとした現地の人とのコミュニケーションもいい思い出に。みんなが気持ちよくなる対応を心がけましょうね。

うーん、悩む……

欲しいものがあるけどまだ買うかどうか決められない。そんなときは「좀 생각해 볼게요（チョム センガケ ボルッケヨ）／ちょっと考えてみます」と言ってみましょう。「○○해 볼게요（○○へ ボルッケヨ）」は「○○してみます」という意味です。前に何もつけない「볼게요（ボルッケヨ）」は「見ます」という意味になります。韓国でもお店に入ると、日本と同様に店員さんから「찾으시는 거 있으세요？（チャジュシヌン ゴ イスセヨ？）／何かお探しですか？」と聞かれます。買いたいものがあるときは「네（ネ）／はい」と返事を。なければ116ページのフレーズを言って、帰るときは「다시 올게요〜」です。

ッタロッタロ　　　ノオ　　　ジュセヨ
따로따로 넣어 주세요.

別々に 入れてください。

따로따로 넣어 주세요.
　別々に　　　入れて　　ください

プレゼントなどを個別に包装してもらいたいときに使えるフレーズ。「따로따로（ッタロッタロ）」は、会計を別々にしてほしいときにも使えます。「따로따로 계산해 주세요（ッタロッタロ ケサネ ジュセヨ）／別々に計算してください」でOK。「따로따로예요（ッタロッタロエヨ）／別々です」でも十分通じます。

例文 따로따로 싸 주세요.（ッタロッタロ ッサ ジュセヨ）
別々に包んでください。

ここを *Check!*

「따로따로（ッタロッタロ）／別々に」は会計時によく使う表現です。「따로（ッタロ）／別に」でも使えますが、こちらがより多く使われます。「따로따로 넣어 주세요（ッタロッタロ ノオ ジュセヨ）／別々に入れてください」「따로따로 포장해 주세요

（ッタロッタロ ポジャンヘ ジュセヨ）／別々に包んでください」などと言います。反対の表現として「같이（カチ）／一緒に」があります。「같이 넣어 주세요（カチ ノ オ ジュセヨ）／一緒に入れてください」も使ってみましょう。

비닐봉투에 넣어 주세요.
ピニルポントゥエ　　ノオ　　ジュセヨ

ビニール袋に入れてください。

비닐봉투에 넣어 주세요.
ビニール　袋　に　入れて　ください

買ったものを袋などに入れてほしいときは「비닐봉투（ピニルポントゥ）」や「종이봉투（チョンイポントゥ）／紙袋」の後に「에 넣어 주세요（エ ノオ ジュセヨ）」をつけて言えばOKです。袋などに入れずそのままもらいたいときは「그냥 주세요（クニャン チュセヨ）／そのままください」となります。「봉투 필요 없어요（ポントゥ ピリョ オプソヨ）／袋はいりません」とも言えます。

エコバッグを忘れずに

韓国では、2019年4月からデパ地下や大型マートなどでは、使い捨てレジ袋が禁止となりました。買いものをするなら必ず「에코백（エコベク）／エコバッグ」を持参しましょう。日本の観光客にも人気のe-martなどにはオリジナルのかわいいエコバッグがあり、ちょっとしたおみやげにもなるので、お店で購入するのもありです。コンビニなどでは有料のレジ袋に入れてもらえます。ただし箸やスプーンは言わないと入れてくれない場合も多いので、必ず「○○ 주세요（○○ チュセヨ）」と頼みましょう。

화장실은 어디예요?
ファジャンシルン　　　オディエヨ

トイレはどこですか？

<u>화장실은</u> <u>어디예요</u>?
トイレ　　は　　　どこですか

旅行中に一番心配なことの一つがトイレ。単語だけでも必ず覚えておきましょう。また、ホテルでもスーパーでも、何かを探しているときは「○○ 어디예요?（○○ オディエヨ?）／○○はどこですか?」と聞きます。さらに短く言うのなら、「어디요?（オディヨ?）／どこ?」だけでも大丈夫。疑問文なのでイントネーションで語尾を上げることをお忘れなく。

例文 트와이스 음반은 어디예요? (トゥワイス ウムバヌン オディエヨ)
TWICEのCDは どこですか？

 ここを*Check!*

58ページで、日本語の「〜は」にあたる助詞について学びましたが、前の名詞にパッチムがある場合の発音の変化を見てみましょう。例えば「SMTOWN（エスエムタウン）はどこですか?」と言いたい場合の「SMTOWNは」ですが、「SM타운（エスエムタウン）」と「은（ウン）／は」が結合すると、「은（ウン）」に前のパッチムが入り込み、[SM타우는（エスエムタウヌン）]という発音になります。これは連音化（26ページ参照）という発音変化の規則からくるものです。

잡지는 어디에 있어요?
チャプチヌン　オディエ　イッソヨ

雑誌はどこにありますか？

잡지는 어디에 있어요?
雑誌　　は　　どこ　に　ありますか

もう少していねいに「どこにありますか？」と聞くときは「어디에 있어요？（オディエ イッソヨ？）」と言います。「어디에（オディエ）」は「どこに」、「어디서（オディソ）」は「どこで」という意味です。「どこで売っていますか？」と聞く場合は「어디서 팔아요？（オディソ パラヨ？）」。「どこでもらうのですか？」は「어디서 받아요？（オディソ パダヨ？）」、「どこで食べるのですか？」は「어디서 먹어요？（オディソ モゴヨ？）」となります。

ライブ🐾韓国語

助詞は忘れてOK!?

韓国語を学ぶにあたって難しいことの一つが助詞の使い方。「〜が」、「〜の」、「〜を」など、何を使えばいいのか悩みます。実は厳密に使い分けていない場合も多く、ますます混乱します。そこで、私からの提案は「いっそ助詞は忘れてしまえ！」。ときには使わずに言ってしまっても。実際、ネイティブの人たちも助詞を使わず会話をすることも多いです。「화장실 어디예요？（ファジャンシル オディエヨ？）」のように、「〜은、는（ウン、ヌン）／〜は」という助詞がなくても十分に会話は成り立ちますから、恐れず話してみましょう！

覚えたい単語 ⑤

街中

旅先で利用しそうな施設や交通機関、買いものの際に知っておくと便利な言葉を集めました。

施設など

ホテル	ホテル 호텔
コンビニ	ピョニジョム 편의점
デパート	ペクァジョム 백화점
免税店	ミョンセジョム 면세점
食堂	シクタン 식당
警察署	キョンチャルソ 경찰서
大使館	テサグァン 대사관
屋台	ポジャンマチャ 포장마차
市場	シジャン 시장

交通機関・道路

空港	コンハン 공항
駅	ヨク 역
地下鉄	チハチョル 지하철
バス	ポス 버스
停留所	チョンニュジャン 정류장
ターミナル	トミノル 터미널
横断歩道	フェンダンボド 횡단보도
信号	シノ 신호

交通機関・道路

交差点	キョチャロ 교차로
駐車場	チュチャジャン 주차장
エレベーター （昇降機）	エルリベイト 엘리베이터
エスカレーター （自動式階段）	エスコルレイト 에스컬레이터

ショッピング

レジ	ケサンデ 계산대
袋	ポントゥ 봉투
クレジットカード	シニョンカドゥ 신용 카드
おつり	コスルムトン 거스름돈
ブランド品	ミョンプム 명품
売り切れ	プムジョル 품절
限定品	ハンジョンプム 한정품
非売品	ピメプム 비매품
試供品 （サンプル）	セムプル 샘플
新商品	シンサンプム 신상품
お取り置き	サジョン イェヤク 사전 예약
セール	セイル 세일

韓国の濃いスキンシップ事情

初めて見た韓国ドラマなどで目にして、きっと多くの人がビックリしたであろう韓国人同士のスキンシップ。韓流人気が定着した今なら、女性同士が手をつないだり腕を組んでいる姿を見ても、そんなに驚かないかもしれませんが、第一次韓流ブームがやって来たころは、周りの人に「あれは何?」とよく聞かれたものでした。確かに私も初めて明洞に行って目にしたときは「どういう関係?」と驚いたものです。しかも男性同士のスキンシップも濃い。仲の良さそうな50代くらいの「아저씨（アジョッシ）／おじさん」たちも肩を組んで街を歩いている。日本ではなかなか見られない光景です。

これは日本と韓国の人づき合いのしかたに違いがあるためだと思います。日本では親しい相手に対しても一定の距離をおくことがマナーとされていますが、韓国だと親しい相手には親しさの表現を惜しまず見せるようです。だから同性同士でも体に触れたり、1つのものを一緒に食べたり、しょっちゅうプレゼントをし合ったり。日本人に比べると親しさの表現が濃くて熱いように思います。

ちなみに私が今までで一番驚いたのは、仕事の打ち上げでサムギョプサル店に行ったとき、たった1日仕事を共にしただけのネイティブの韓国人男性に、サンチュで包んだ薬味たっぷりのサムギョプサルを「あーん」されたことでしょうか。彼氏でもそんなことはしてくれないのに、まだ知り合ったばかりの男性が「おいしいから」と言って、サムギョプサルを私の口まで運んでくれるという状況。衝撃的でした（笑）。きっと同じ状況におかれたら多くの方がとまどうことでしょう。最近印象に残っているのは、ファンミの司会をさせていただいた俳優Kさんとの打ち上げの席でのこと。初めて食べた日本食の数々に感動して、「형（ヒョン）／お兄さん」と呼ぶほど仲のいい事務所の社長とお互いに「これ食べてみて!」と食べさせっこをしていました。かわいい姿だったなぁㅎㅎㅎ

イ　チュソルル　　ネビゲイショネ　　ッチゴ　ジュセヨ
이 주소를 내비게이션에 찍어 주세요.

この住所をカーナビに入れてください。

이　주소를　내비게이션에
この　　住所　　を　　　カーナビ　　　に
찍어　주세요 .
入れて　　ください

韓国ではほとんどのタクシーがカーナビを導入しているので、行き先がすぐに伝えられて便利です。カーナビに行き先を入れてもらうには、住所や電話番号を書いたものを見せて、このフレーズを言えばOK。ただし、住所はハングル表記で。漢字だとわからないと言われてしまうことがあります。

例文 이 번호를 내비게이션에 찍어 주세요. (イ ポノルル ネビゲイショネ ッチゴ ジュセヨ)
この電話番号をカーナビに入れてください。

ここを Check！

日本語の「〜に」にあたる、行動の対象先を表す助詞「에（エ）」を学びましょう。「내비게이션（ネビゲイション）／カーナビ」＋「에（エ）」で「내비게이션에（ネビゲイショネ）／カーナビに」です。「에（エ）」は動詞「가다（カダ）／行く」とよく一緒に使われます。「場所＋에（エ）」で目的地を表し、「서울에 가요（ソウレ カヨ）／ソウルに行きます」となり、「時間＋에（エ）」で時間を表し、「한 시에 가요（ハン シエ カヨ）／1時に行きます」となります。

교통카드가 안 찍혀요 .

キョトンカドゥガ　　アン　　ッチキョヨ

交通カードが反応しません。

교통 카드 가 안 찍혀요 .

交通　カード　が　〜ない　読み取ります

韓国を旅行しているときは、移動に地下鉄も使いますよね。地下鉄を利用するときは交通系ICカードを購入しておくと便利。代表的なカードに「T-money」などがあり、駅やコンビニで買えます。しかし、たまに交通カードが反応せず改札から出られなくなってしまうトラブルが起きることも。そんなときはあわてずに、改札の両脇をチェック。車椅子の方などが通るゲートのあたりに駅事務所につながっているマイクがあるので、そのボタンを押してこのフレーズを言えば、ゲートを開けてくれます。

ライブな韓国語

これでタクシーに乗れます

韓国語ができないからタクシーに乗るのをためらってしまう、という方もいるかもしれません。タクシーでよく使うフレーズを覚えておきましょう。運転手さんは基本的にトランクを開けてくれないので、自分から「트렁크 열어 주세요（トゥロンク　ヨロジュセヨ）／トランクを開けてください」と伝えます。ホテルやデパートなど知名度のある場所に行くときは「○○까지 가 주세요（○○ッカジ　カ　ジュセヨ）／○○まで行ってください」。「ここで停めてください」は「여기서 세워 주세요（ヨギソ　セウォ　ジュセヨ）」でOKです。

좀 더 서둘러 주세요.
チョム　ド　ソドゥルロ　ジュセヨ

もう少し急いでください。

좀 더 서둘러 주세요.
もう少し　　急いで　　　ください

タクシーに乗っていて渋滞に出くわし、次の予定に影響しそうなときは、運転手さんにこのフレーズを言ってみましょう。必ず効果があるとは限りませんが、早道を使ってくれるかも。ショッピングのときなどにも使えるので、覚えておくと便利です。「少し」という意味の「좀 (チョム)」をつけるとやわらかな表現になります。

例文 김포공항까지 어느 정도 걸려요? (キムポコンハンッカジ オヌ チョンド コルリョヨ)
金浦空港までどのくらいかかりますか？

ここを *Check!*

上記で登場した「서두르다 (ソドゥルダ) ／急ぐ」は不規則な活用をします。この「르 (ル) 不規則」について学びましょう。原形から「다 (タ)」を取ったところの「르 (ル)」の母音「ㅡ (ウ)」を取り、「어요 (オ ヨ)」をつけます。「서두ㄹ (ソドゥル)」＋「어요 (オヨ)」になりますが、最後に「르 (ル)」の前の文字「두 (ドゥ)」にパッチムとして「ㄹ (ル)」を入れて「서둘러요 (ソドゥルロヨ) ／急ぎます」となります。

これも覚えたい！

기사님, 트렁크 열어 주세요.
<small>キサニム　　　トゥロンク　　ヨロ　　ジュセヨ</small>

運転手さん、トランクを開けてください。

기사님，트렁크 열어 주세요.
運転手 さん　　トランク　開けて　ください

タクシーやバスなどの運転手のことを「기사님（キサニム）」と言います。運転手を訳すと「운전수（ウンジョンス）」となりますが、実際に運転手さんを呼ぶときは기사님というので間違えないようにしてください。ちなみにタクシーや長距離バスなどの運転手さんはトランクを開けてくれないことが多いので（125 ページ参照）、そんなときはこのフレーズを。近年は、世界各国から観光客が押し寄せているおかげか、空港発着のリムジンバスの기사님のサービスは向上しているようです。

ライブな韓国語

バスに乗るときは命がけ？

旅行で公共バスに乗る機会はあまりないかもしれませんが、トライしたい方に向けて。韓国のバスは時刻表通りにはあまり来ないので覚悟して。バスを乗るときの注意点としては、乗ったら必ず座るか、近くの手すりにつかまること。バスの運転は荒いことが多いからです。そして降りる停留所が近づいて来たら、少しずつ出口に接近して。降りる人がいないと思われると、さっさと出発してしまいます。そんなときは大声で「내려요!（ネリョヨ!）／降ります！」と叫びましょう。現地の人もそうやって降りています。

ヨプチャリロ　　ヘ　　ジュセヨ
옆자리로 해 주세요.

隣の席にしてください。

옆자리로 해 주세요.
　隣の席　　　に　して　　ください

飛行機のチケットを予約するときに、希望の席を指定することができるのはとても便利です。友人と別々に予約をして、席が離れているようなときはチェックインの際にこのフレーズを使ってみましょう。「해 주세요（ヘ ジュセヨ）」は何かをしてほしいときに使う表現です。

例文 창가 자리로 해 주세요. （チャンカ ッチャリロ ヘ ジュセヨ）
窓側の席にしてください。

（ここを *Check!* ）

上記フレーズのような「(으) 로 해 주세요（〈ウ〉ロ ヘ ジュセヨ）／〜でしてください」は対処をお願いするときに使います。「표（ピョ）／切符」なら最後にパッチムがないので「로 주세요（ロ チュセヨ）／〜でください」をつけ「세 시 표로 주세요

（セ シ ピョロ チュセヨ）／3時の切符でお願いします」。「현금（ヒョングム）／現金」ならパッチムがあるので「으로 주세요（ウロ チュセヨ）」をつけ「현금으로 주세요（ヒョングムロ チュセヨ）／現金でください」となります。

짐을 맡기고 싶어요.

チムル　　マッキゴ　　シポヨ

荷物を預けたいです。

<u>짐을 맡기고 싶어요.</u>
荷物 を　　　　　預けたいです

空港でのチェックインの際、スーツケースを預けたいときに使えるフレーズ。ホテルでチェックアウト後に預かっておいてほしいときにも、同じように言いましょう。ちなみにコインロッカーは「물품보관함（ムルプムボグァナム）」と言います。訳すと「物品保管箱」。この文字を覚えておくとコインロッカーを探すときに便利です。なお、ソウル市内の主要な地下鉄の駅には、日本ほどではありませんが、スーツケースが入るような大型のコインロッカーが増えているようです。

ライブな韓国語

ケリオ（キャリー）はこう使う

荷物のことを「짐（チム）」と言いますが、スーツケースのことは英語のcarrierを使って「캐리어（ケリオ）」という場合が多いので覚えておくといいでしょう。ちなみにコーヒーショップでテイクアウトをする際に入れてくれる、ドリンクを固定するボックスのようなものも캐리어と言います。ドリンクをテイクアウトするときは「캐리어에 담아 주세요（ケリオエ タマ ジュセヨ）／キャリーに入れてください」と頼むと、テイクアウト用のボックスに入れてくれますよ。

タムニョ　チュセヨ
담요 주세요.

ブランケットください。

담요 주세요.
毛布　　　**ください**

飛行機の機内は意外と寒いもの。英語でブランケットと言ってもいいのですが、これを韓国風に読むと「블랭킷（プルレンキッ）」となります。タムニョは言いやすいうえ、ほとんどの韓国人がこちらを使うので、覚えておきましょう。そして「죄송한데（チュェソンハンデ）／すみませんが」と一言つけ加えると完璧です。

例文 이어폰 하나 주시겠어요? （イオポン　ハナ　チュシゲッソヨ）
イヤホンを1つもらえますか？

ここを Check !

「～をください」と言ったのにそれが出てこなかったとき、「それではありません」と言いたいですね。ここでは名詞の否定形を学びましょう。「그것（クゴッ）／それ」のように最後の文字にパッチムがある場合は「이 아니에요（イ　アニエヨ）」をつけて「그것이 아니에요（クゴシ　アニエヨ）／それではありません」です。パッチムがない場合は「가 아니에요（ガ　アニエヨ）」をつけて「담요가 아니에요（タムニョガ　アニエヨ）／毛布ではありません」です。

볼펜 빌려 주세요.

ポルペン　ピルリョ　ジュセヨ

ボールペンを貸してください。

볼펜　빌려　주세요.
ボールペン　貸して　ください

飛行機でCAさんから配られた入国カードに記入しようと思ったらペンがない、というのが機内でよくあるシチュエーションです。そんなときはこのフレーズを言ってCAさんに貸してもらいましょう。借りた後は必ず「ありがとう」というフレーズ「고마워요（コマウォヨ）」や「감사합니다（カムサハムニダ）」を忘れずに。

ライブな韓国語

機内食を楽しもう

飛行機に乗ったときの楽しみの一つと言えば機内食。私はあのコンパクトにセッティングされたプレートの料理を、いかにスマートに食べるかにトライするのが好きです。いただく飲みものはたいてい「맥주（メクチュ）／ビール」。飲みものは何があるのか聞くときは「음료는 뭐가 있어요?（ウムニョヌン　ムォガ　イッソヨ？）」と言いましょう。レストランなどでも、もちろん使えます。韓国系のエアラインに乗ったときはコチュジャンがもらえるので、辛いものが好きな方は「고추장 주세요（コチュジャン　チュセヨ）／コチュジャンをください」と頼んでみましょう。

메일 보내 주세요.

_{メイル　　ポネ　　ジュセヨ}

メールを送ってください。

메일 <u>보내</u> <u>주세요</u> .
メール　　送って　　ください

電子メールは韓国語で「메일（メイル）」と言い、「毎日」という意味の「매일（メイル）」と近い発音です。韓国のインターネット用語は英語と韓国語をミックスした言葉をよく使います。メールアドレスは「메일 주소（メイルチュソ）」となり直訳すると「メール住所」。メールボックスは「메일함（メイラム）」で、「メール箱」です。

例文 메일 도착했어요? （メイル トチャケッソヨ）
メールは届きましたか？

ここを *Check!*

ここでは「〜するつもり」という未来の表現について学びましょう。まず動詞の原形から語尾の「다（タ）」を取ります。「보내다（ポネダ）／送る」なら、「다（タ）」を取るとパッチムがないので「보내다（ポネ）」に「ㄹ 거예요（ルッコエヨ）」をつけて「보낼 거예요（ポネル ッコエヨ）／送るつもりです」です。「먹다（モクタ）／食べる」ならパッチムがあるので「먹（モク）」に「을 거예요（ウルッコエヨ）」をつけて「먹을 거예요（モグル ッコエヨ）／食べるつもりです」になります。

나중에 문자 보낼게요.
<small>ナジュンエ　ムンッチャ　ポネルッケヨ</small>

あとでショートメールを送りますね。

나중에 **문자** **보낼게요.**
あとで　メッセージ　送ります

パソコンで送るメールは메일ですが、ショートメールやカカオトーク、LINEなどでショートメッセージを送ることを「文字を送る」という意味で「문자를 보내다（ムンッチャルル ポネダ）」と言います。また、SNSでよく使うスタンプは「이모티콘（イモティコン）」と言うので覚えておきましょう。スタンプが買えるのは「이모티콘샵（イモティコンシャプ）／スタンプショップ」。「샵（シャプ）」はショップ(店)の韓国語読みです。

「カット～ク」

韓国人のほとんどが利用していると言われるカカオトーク、通称「카톡（カトゥク）」。韓国人と連絡先を交換するときは「카톡 하세요?（カトゥハセヨ?）／カカオトークしていますか?」とよく聞かれます。数年前、韓国でエキシビションを行った某有名海外ブランドも카톡とコラボしたスタンプを配信して話題になりました。飛行機が韓国の空港に着陸し、乗客が携帯電話の電源を入れると一斉に鳴り響くたくさんの「カット～ク」という音は카톡を起動したときのもの。これを聞くだけで카톡の人気ぶりがわかります。

일본에 오면 전화 주세요.

<small>イルボネ　　オミョン　　チョヌァ　　チュセヨ</small>

日本に来たら電話ください。

일본 에 오면 전화 주세요 .

日本　　　に　　来たら　　電話　　ください

電話をかけてほしいときには「연락 주세요 (ヨルラク チュセヨ) ／連絡ください」もよく使います。「통화 (トンファ)」は通話という意味で「지금 통화 가능해요? (チグム トンファ カヌンヘヨ?) ／今、電話できる?」などと使います。

例文 나중에 연락할게요. (ナジュンエ ヨルラカルッケヨ)
あとで電話します。

ここを Check!

仮定の表現について学びましょう。まず、動詞や形容詞の原形から語尾の「다 (タ)」を取り、取ったところにパッチムがない場合は「면 (ミョン)」、パッチムがある場合は「으면 (ウミョン)」をつけます。例えば、「하다 (ハダ) ／する」なら、「다 (タ)」を

取ったところにパッチムがないので「하면 (ハミョン) ／したら、すると」になります。「받다 (パッタ) ／もらう、受ける」はパッチムがあるので「받으면 (パドゥミョン) ／もらったら、受けたら」になります。

134

핸드폰 번호 가르쳐 주세요.

<small>ヘンドゥポン　　ポノ　　カルチョ　　ジュセヨ</small>

携帯電話の番号を教えてください。

핸드폰 번호 가르쳐 주세요.
携帯電話　番号　教えて　ください

携帯電話の番号を教えてもらったら、必ず名前とともに携帯電話の連絡先に登録するし、写真を送ってもらったらそのまま携帯やパソコンに保存しますよね。携帯やパソコンなどに登録したり保存することを「저장（チョジャン）」と言います。そのまま訳すと「貯蔵」。つまりデータを貯蔵するというわけです。登録は「등록（トゥンノク）」、保存は「보존（ポジョン）」という言葉がありますが、携帯電話やパソコン関連用語ではほとんど使われないので、「저장」という言葉をしっかり覚えておきましょう。

個人情報が丸見え!?

日本は個人情報の取り扱いに大変厳しい国ですが、韓国ではゆるいのかなぁと感じることがあります。というのもフロントガラスからよく見える車内に、携帯電話番号を記した紙やステッカーが置いてあるからです。実はこれ、韓国では二重駐車が当たり前であることが理由。自分の車が駐車したために車が出せなくなった持ち主へのささやかな心配りで、車を出すときにはここに電話してくださいということなのです。驚きの韓国・駐車事情です。

ヘンドゥポン　ペトリガ　ナガッソヨ
핸드폰 배터리가 나갔어요.

携帯のバッテリーが切れました。

핸드폰 배터리가 나갔어요.
携帯電話　　バッテリー　が　　切れました

旅先でも大活躍の携帯電話。使いすぎてバッテリーが切れることもしばしば。「나가다（ナガダ）」は出ていくという意味ですが、電気やバッテリーがなくなるというときにも使います。ほかに「売れる」という意味もあり、「잘 나가요（チャル ナガヨ）」は「よく売れる」＝大人気という意味になります。

例文 BTS 화보집 다 나갔어요.（BTS ファボジブ タ ナガッソヨ）
BTSの写真集は全部売り切れました。

 ここを*Check!*

「핸드폰（ヘンドゥポン）／携帯電話」「배터리（ペトリ）／バッテリー」のように、韓国語にも外来語はとても多く、日本語の外来語の発音との違いに戸惑うこともあります。例えば「マスター」「コンピューター」など、日本語では「ター」と伸ばして終わる音は英語の「-ter」にあたりますが、韓国語の語尾は「터（ト）」になり、それぞれ「마스터（マスト）」「컴퓨터（コムピュト）」という発音になります。このような法則をちょっと知っているだけで、理解度も違ってきます。

핸드폰 충전돼요?
(ヘンドゥポン　チュンジョントゥェヨ)

携帯電話の充電はできますか？

핸드폰　충전돼요？
携帯電話　　充電できますか

日本ではお店にあるコンセントを勝手に使ってはいけませんが、韓国ではこれが可能です。コーヒーショップなどで堂々とお店のコンセントで携帯の充電をしている人をよく見かけます。しかも食堂やレストランでは気軽に充電させてくれます。お願いするとお店のカウンターなどにある電源につないでくれるので、充電コードを持ち歩いておくと、いざというとき便利です。ただし、うっかり持ち帰るのを忘れたりしないように気をつけましょう！

 ライブ❤韓国語

韓国の携帯電話マナー

最近は韓国でも携帯電話のマナーが向上しています。特に映画館でのマナーは著しくよくなったような気がします。10年ほど前までは映画の上映中でも普通に電話をしていましたから。隣の席に座っていた知人が電話に出て話し始めたときには本当にびっくりしたものです！今は日本の劇場と同じように、上映前には必ず「マナーを守りましょう」という映像も流れるようになり、着信も「진동 (チンドン)／バイブ」にしている人がふえました。

ファミョニ　タウントゥェ　ボリョッソヨ

화면이 다운돼 버렸어요.

画面がフリーズしてしまいました。

<u>화면</u>이 <u>다운돼</u> <u>버렸어요</u> .
画面　が　フリーズして　しまいました

「다운 (タウン)」というインターネット用語の1つめの意味はフリーズした
ことを指す「다운되다 (タウントゥェダ)」。これはサーバーがダウンしたと
言うときと同じdownという意味。もう一つはダウンロード download
を略して言う「다운 (タウン)」です。「ダウンロード」するは「다운받다 (タ
ウンパッタ)」と言います。

例文 사진이 다 날아가 버렸어요. (サジニ タ ナラガ ボリョッソヨ)
写真が全部消えてしまいました。

ここを *Check!*

日本語の「〜てしまいました」にあたる表
現を学びましょう。動詞の原形の語尾に
ある「다 (タ)」を取り、取ったところの母
音が陽母音の場合は「아 버렸어요 (ア ボ
リョッソヨ)」を、陰母音の場合は「어 버
렸어요 (オ ボリョッソヨ)」をつけます。

「알다 (アルダ) ／知る」なら、陽母音なの
で「알아 버렸어요 (アラ ボリョッソヨ) ／
知ってしまいました」、「먹다 (モクタ) ／
食べる」なら陰母音なので「먹어 버렸어
요 (モゴ ボリョッソヨ) ／食べてしまいま
した」になります。

<ruby>셀카<rt>セルカ</rt></ruby> <ruby>어플<rt>オプル</rt></ruby> <ruby>다운받았어요<rt>タウンパダッソヨ</rt></ruby>.

美顔アプリをダウンロードしました。

<u>셀카</u> <u>어플</u> <u>다운받았어요</u>.
自撮り　アプリ　ダウンロードしました

アプリのことは「어플（オプル）」もしくは略して「앱（エプ）」と言います。
女性に人気の顔写真を美しく加工できる美顔アプリは「셀카 어플（セルカ オプル）」。インストールするという意味の「깔다（ッカルダ）」を使って
「셀카 어플 깔았어요.（セルカ オプル ッカラッソヨ）／美顔アプリを入れました」とも言います。常に最高の自撮り写真を撮りたい韓国の女性は、
知人に会うと「셀카 어플 뭐 써요?（セルカ オプル ムォ ッソヨ？）／美顔アプリは何を使ってる？」とチェックを欠かさないようです。

秘密の番号

アカウントという意味の「계정（ケジョン）」という言葉など、韓国のインターネット用語は、意味を漢字にしたものを韓国語読みにした言葉が多く使われています。パスワードも「秘密の番号」という意味の「비밀번호（ピミルポノ）」と言う人が圧倒的。略して「비번（ピボン）」と言ったりします。「パスワードを忘れちゃった」は「비번 잊어버렸어요（ピボン イジョボリョッソヨ）」となります。Wi-Fiが繋がらないときは「不通」という言葉を使って「와이파이가 불통이에요（ワイパイガ プルトンイエヨ）」と言います。

트위터 팔로우할게요.
<small>トゥウィト　パルロウハルッケヨ</small>

ツイッター、フォローしますね。

트위터 팔로우할게요 .
<small>ツイッター　　　　フォローします</small>

最近は連絡先を交換するよりもお互いのツイッターやインスタグラムをフォローし合うというのが人と簡単につながる方法かもしれません。このSNS用語の発音が日本と韓国では若干違います。ツイッターは「트위터（トゥウィット）」となり英語の発音に近くなります。またフォローは「팔로우（パルロウ）」、フォロワーは「팔로워（パルロウォ）」と言います。

例文 종석 씨 인스타 팔로우하고 있어요. (ジョンソクッシ　インスタ　パルロウハゴ　イッソヨ)
ジョンソクさんのインスタをフォローしています。

ここを*Check!*

「ㄹ게요（ルッケヨ）／을게요（ウルッケヨ）」（72ページ）よりさらに強い意思を伝える表現「려고요（リョゴヨ）」を学びましょう。「하다（ハダ）／する」なら原形の「다（タ）」を取ったところにパッチムがないので「려고요（リョゴヨ）」をそのままつけ「하려고

요（ハリョゴヨ）／しようと思います」。取ったところにパッチムがある場合は「으려고요（ウリョゴヨ）」をつけます。「찾다（チャッタ）／探す」なら「찾으려고요（チャジュリョゴヨ）／探そうと思います」です。

댓글 남겼어요.
テックル　ナムギョッソヨ

コメントを残しました。

댓글 남겼어요.
コメント　　　残しました

ツイッターやインスタのコメントやリプのことを韓国語では「댓글（テックル）」と言います。コメントという言葉が英語なのでそのまま使うと思いがちですが、韓国人のほとんどは「댓글（テックル）」を使うようです。「코멘트（コメントゥ）」はおもに声に出して言うコメントの意味に使われ、略語である「멘트（メントゥ）」はファンミや記者会見などで「ひと言メッセージください」と言うときに「멘트 부탁드려요（メントゥ　プタクトゥリョヨ）」のように使われます。

ライブな韓国語

コメントしてみましょう！

好きなスターのSNSをフォローするのは、情報収集のためにもファンにとってマストですよね。ですが、多くの方がコメントは残さず「ただ見るだけ」で満足しているようです。それは本当にもったいない！　なぜなら、好きな人の素敵な写真を見てコメントを残すことだって、韓国語の勉強になるからです。長い文章でなくていいんです。「素敵！」だったら一言「멋있어요!（モシッソヨ！）」や「이뻐요!（イッポヨ！）」「최고!（チュェゴ！）」「짱!（ッチャン！）」などコメントを残すことを習慣にしてみましょう。そうすることで、伝えたい言葉がさらにわき出てくるはずです。

MCという仕事、そして韓国語

　私が韓流イベントの司会をするように
なったのは、韓流ブームに火がつき始め
た2004年ごろからです。当時は出演者や
主題歌歌手によるドラマイベントが人気
で、私が初めて大きなイベントの司会を
させていただいたドラマが「美しき日々」
だったと記憶しています。それ以降、俳
優やアーティストを迎えて開催するファ
ンミーティングが日本でも増え始め、今
ではファンミという言葉は普通に使われ
るようになりました。幸せなことに、も
う15年近くさまざまなスターのファンミ
MCをさせていただいています。

　その中で、一番長く一緒にお仕事をし
ているスターが東方神起です。実は日本
デビュー前にひょんなことから韓国で彼
らに会う機会があり、当時いくつかのラ
ジオ番組を担当していた私は「日本でデ
ビューするときには必ず私の番組に出て
くださいね」と伝えました。それから1
年もしないうちに私の番組にたびたび出
演していただくようになり、そんなこと
がきっかけでファンクラブイベントなど

のMCをさせていただいています。こん
なに長くお仕事をさせていただけるのは
本当に光栄なことです。今ではK-POPの
皇帝と言われるほどのビッグスターにな
った東方神起ですが、2人の素顔はデビ
ュー当時から全く変わらないまま。常に
おごらず、礼儀正しくて、とにかく一緒
に仕事をすると誰もが彼らを好きになっ
てしまう。2人を見る私のまなざしはも
う母親の域ですが（笑）。たゆまぬ努力
で今の地位を築いた姿は、いつ見ても胸
が熱くなります。

　私がMCをさせていただいたスターの
最高齢が最近更新され、85歳の方となり
ました。韓国俳優界のレジェンド、イ・
スンジェさんです。イ・スンジェさんが
参加した映画祭のトークショーでMCを
させていただいたのです。ソウル大学で
哲学を学んでいらっしゃったこともある
のでしょう、とにかく話すお言葉が教え
のようで、そのまま本になるような深く
て心にしみるものばかり。今なお舞台で
主役を務めるそのバイタリティ。せりふ

を覚える記憶力も、マイクなしで舞台を こなす声量も「すべては訓練から」とおっしゃるスンジェ先生。その言葉を聞いて、私もがんばらなくては！と2度、3度と自分の心に誓ったのでした。

　長年、韓流スターのMCをしていて感じるのは、ファンの皆さんの韓国語力の向上ぶりです。近ごろではご自身で勉強されて自分の思いを一生懸命、韓国語で伝えようとする方が本当にたくさんいますが、以前は「がんばってくださいって韓国語で何て言うんですか？」などと質問されることもよくありました。ファンであれば大好きなスターと直接、韓国語で話したい！韓国語のトークを通訳なしで理解したい！と思うのは自然なこと。そんなことをたびたび感じていた私は、少しでも韓国語を身につけるためのお手伝いができれば、と2010年末から韓国語サロンをスタートしました。

　ポイントは「まじめに」ではなく「楽しく！」。文章が長くて覚えられないと悩むのなら、シンプルなフレーズで覚えれ ばいい。パッチムがうまく発音できないなら、なるべく発音しやすい言葉に変えればいい。文法をばっちり覚えたとしても、実践で話したり聞きとれたりしないと意味がないですから。「好きこそ物の上手なれ」、スターの言葉を理解したいと思う気持ちがあれば楽しみながら学べるはず。そんな思いをこの本に込めました。今はK-popの歌詞はもちろん、韓国ドラマ、バラエティ番組、V LIVEアプリなどが、どこにいてもスマホで見られて、楽しみながら韓国語に親しめるツールがあふれていますから、これらも使わない手はありません。学んだことを定着させるにはもってこいです。

　韓国語初心者の方々は、まずはこの本にあるフレーズをまる覚えして、韓国語を話してみてください。ある程度わかるようになったら、文法を確認したり、関連する言い回しを覚えるなどして、応用力アップを目指していただきたい。そんなふうにこの本を役立てていただけたら、うれしいです。

みんしる

MC、ラジオパーソナリティー。
1992年にFM横浜のインターナショナルDJコンテストで準優勝。審査員長の小林克也氏から評価され、ラジオの道に。J-WAVEやTOKYO FMなどで活躍。そのかたわら日本語、韓国語、英語のトライリンガルであることを生かし、国内外の映画記者会見や舞台挨拶のMCを務める。また、韓流イベントのMCも数多く担当。中でも東方神起とは、長年にわたってファンイベントなどのMCを担当し、メンバーからの信頼が厚いことでも知られる。流れるような語り口と、明るくさわやかな進行で人気。2010年末からは韓国語サロンを主宰し、関東と大阪の5か所で教えている。

スマホでコメントできる
短い韓国語（みじか　かんこくご）

2020年3月14日　初版発行
2022年3月25日　4版発行

著者　みんしる

発行者　青柳　昌行
発行　株式会社KADOKAWA
　　　〒102-8177
　　　東京都千代田区富士見2-13-3
電話　0570-002-301（ナビダイヤル）

印刷所／図書印刷株式会社